とびきりかわいく作れる!
\\ 私だけの //
推しぬいぐるみ&もちぬい

寺西 恵里子

はじめに

小さい頃から人形やぬいぐるみが好きでした。
はじめて作った商品も人形のマスコット。
手のひらサイズでした。

推しぬいぐるみを持っている人がいると
電車でもどこでも、じ〜〜と見ていました。
この子、誰なんだろう……と。

その謎が解けたとき
なんて、ステキな人形なんだ！と思いました。
推しの人形。

持っているだけで、テンションが上がり
持っているだけで、心が軽くなる
そんなお守りみたいなお人形だったなんて！

すぐに作ってみたいと思いました。
顔は！髪型は！服は！と
作ってみたいものだらけ……

誰かにアレンジしてもらって
広がっていくのかと思ったら、ワクワクします。

そして、その子が作ってくれた人を
楽しくしてくれたら
こんなに素敵なことはないですね。

小さなぬいに
大きな願いを込めて……

寺西 恵里子

Contents

基本の推しぬいぐるみ

いつでもどこでも一緒！
持ち歩けるサイズの推しぬいぐるみです。
大きいほうは小さいほうを拡大して作れます。
さあ、基本の推しぬいから作ってみましょう！

NO.1

NO.2

いつでも どこでも一緒！

ぬいとお出かけして
写真を撮るのも
いいですね

アレンジで オリジナルに！

好きな子が作りたい……
好きな服を着せたい……
大丈夫！いろいろアレンジできます。

髪型が
変えられる

目や口
表情が
変えられる

服は
いろいろ

靴もタイツと
2タイプ

大きさも
自由に
変えられる

125%
拡大

フェルトで
簡単な目も！

12cm

15cm

[基本のぬい(小)]

[基本のぬい(大)]

色も
自由自在

素材も
自由自在

005

普段着がかわいい
おしゃれなぬいたち

お洋服も髪型もいろいろ……
お着替えして、お出かけしましょう！

ツンツンヘアと
つけ毛がポイントの
二人は仲良し

NO.3　　NO.4

ワンピースの女の子は
つけ毛がアクセント

NO.5

Fashionable

ロン毛とおだんごの二人は
遊園地でデート。
帽子をかぶってキメ顔！

NO.6　　NO.7

帽子をとっても
素敵なロン毛です

放課後が楽しそうな
SCHOOLぬいたち

制服に部活……SCHOOLぬいたちは
できるだけリアルに作るのがポイント！

> ジャージの男の子
> まん中寄せヘアは茶髪！

NO.8

School

> 学生カバンの男子と
> セーラー服の女子
> ツインテールがかわいい！

NO.9

NO.10

Uniform

バレー部とバスケ部
ユニフォームにキュンときます

NO.11

NO.12

物語のぬいたち

ストーリーがよみがえる……
そんなぬいたちをそばに置いて。

NO.13

NO.14

人気の袴姿
着物は布選びも楽しい

Prince & Princess

NO.15

NO.16

王子様とお姫様
二人並べると
物語がはじまりそう……

すっぽり入ってかわいい
着ぐるみのぬいたち

クマやパンダ
好きな動物を好きな色で作りましょう！

Animal Costume

NO.17 パンダ　　　　　NO.18 ウサギ　　　　　NO.19 クマ

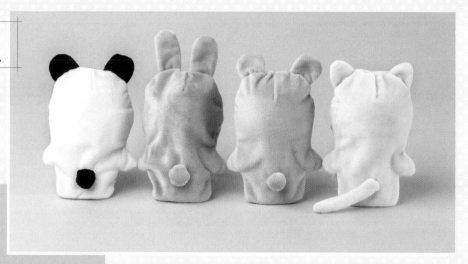

しっぽのついた
後ろ姿もユーモラス

NO.20 ネコ

耳を変えれば
他の動物も簡単です！

ぬいのかわいいコスプレ

何にでもなれるぬいたち……
かわいさが倍になり夢が広がります。

NO.21 ミツバチ

NO.22 チョウチョウ

ミツバチとチョウチョウ
羽を背負っている姿がキュート！

Fruits Cosplay

どのフルーツにする？
葉っぱつき帽子がポイントです

NO.23
パイナップル

NO.24
イチゴ

NO.25
オレンジ

かわいい！かっこいい！
人気のコスプレ大集合

NO.26

ベビーに幼稚園、悪魔にメイド！
イメージが広がるぬいの世界。

Child & Baby

通園バッグやおしゃぶり
小物まで作ってあげて

NO.27

Devil & Maid

NO.28

NO.29

悪魔くんは帽子も２タイプ
メイドさんと並べて飾って

さぁ、推しぬいぐるみを作りましょう！

はじめてでも大丈夫！
作りたい気持ちがあれば、それだけでOK。
世界に1つだけの推しぬいぐるみが作れます。
作ったら、どこに持って行こう……
できたときのことを考えながら
楽しく作りましょう‼

手縫いでOK！

ミシンを持っていなくても手縫いで
作れます（ミシンでも作れます）。
縫い方は一度覚えてしまえば大丈夫。
難しい縫い方はありません。

首つけが簡単！

頭とボディを別々に作り、頭にボディ
を差し込んで縫いつけるので、
はじめての人にも簡単に作れます。

はじめてでも
作れるポイント

目や口はフェルトでも！

刺しゅうが苦手なら、フェルトを切っ
て貼るだけでもOK！
小さなフェルトの切り方も解説してい
ます。

1工程ごとに解説！

わかりやすいように、1工程ごとに
写真で解説しています。
ゆっくりていねいに進んでいけば、
はじめてでも作れます。

作る順は……

1
布に型紙を写して切る

↓

2
顔を作る

↓

3
頭とボディを作る

↓

4
頭とボディをつける

↓

5
前髪をつける

→

大きさは……

12cm　15cm

[基本のぬい(小)]　（大）

125%拡大

基本の小を拡大すれば
大きさは変えられます。

きれいに作るコツは……

布の裁断が大事！

布がきれいに切れていると、仕上がりが
大きく違います。

1針ごとに糸を引くのが大事！

しっかりと縫えていないと、きれいに仕
上がらないので、糸をしっかり引きます。

さわりすぎない！

できる限り、さわらないように作ると、
きれいに仕上がります。

服を着せてできあがり！

好きな「推し」で作りましょう！

好きな推しでぬいを作りましょう。
髪型だったり、表情だったり
服装だったり、1つのポイントでも
オリジナルのぬいができます。
既存のデザインから変化させてもいいし
選んで組み合わせてもOK。

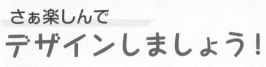

さぁ楽しんで
デザインしましょう！

実物大　基本のデザイン

コピーしたり、写したりして使いましょう
切った髪型や顔の型紙を置いて、着せたい服を描いて使います。

バレーボールの推しメン

1 髪型を決める

選んだものから、
少しアレンジしても！

P22

2 顔を決める

P24

目と口がポイント、
色のチョイスも大事！

Tシャツの推しメン

3 服を決める

P26

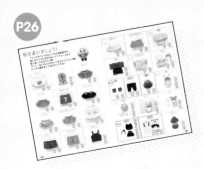

いつも着ている服や
トレードマークを
取り入れましょう。

順に決めていくと
スムーズです！
アレンジでオリジナルにも！

髪型を選びましょう！

まず、髪型を選びましょう。
推しに似た髪型を選んだら、
もっと似るように、少し切ったり、長くしたり
アレンジしてもいいですね。
色も大事なポイント。なるべく近い色を選んで！

さわやかヘア

[基本のぬい(小)]

P83

真ん中寄せ

[基本のぬい(大)]

P83

ツンツンヘア

P83

クルクルヘア

P84

ロン毛

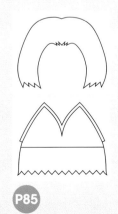
P85

横分け

P85

さわやかヘア＆ツンツン

P83

クルクルヘア＆つけ毛

P84

おだんご

P84

おかっぱ

ツインテール

P86

ショートカット

つけ毛＆おだんご

P84

ふんわりヘア

前髪の分け目を変えたり
クルクルを多くしたり
好きなように
アレンジできます！

顔のデザインを選びましょう！

フェルトタイプと刺しゅうタイプがあります。
顔は大きく分けて３タイプありますが、
自分が作りやすい顔で作るのがおすすめ。
選んだ目に白い点を加えたり、色を同じにしたり、
ここも自由にアレンジして、なるべく推しと近い感じに！

❶カンタンフェルトタイプ

基本を125％拡大した大サイズでは、
まゆや口もフェルトで作ることができます

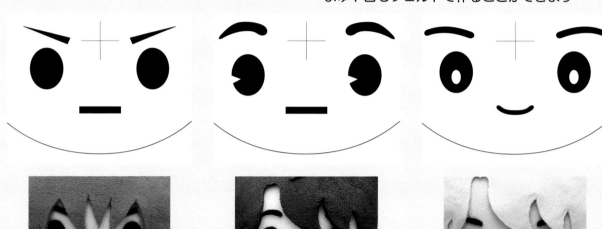

❷目はフェルト、それ以外は刺しゅうタイプ

まゆと口が刺しゅうです

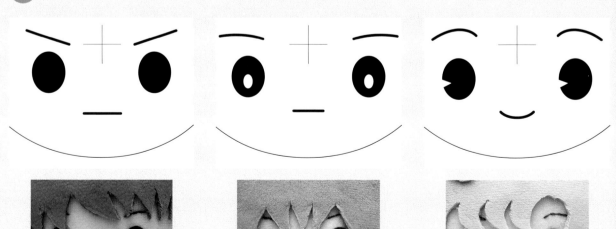

◆ あごのラインや十字を基準にして、「まゆ・目・口」
自由に組み合わせましょう。

実物大の型紙です

※コピーして使いましょう。
※[大]は125%拡大してください。

❸ 刺しゅうタイプ　同じ目でも色が違うと、雰囲気がぐっと違ってきます

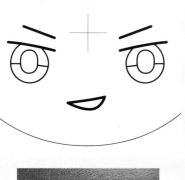

ほかにもいろいろ作れます

服を選びましょう！

Tシャツやパンツのシンプルな普段着から
推しのキャラに欠かせないユニフォームなど
推しぬいぐるみらしい服
そして、ぬいがよりかわいく見えるコスプレの服
たくさん服を作ってあげたいですね！

上着 Tシャツ	パーカ	シャツ

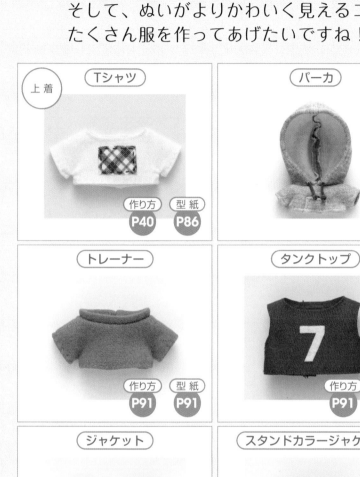

Tシャツ
作り方 P40　型紙 P86

パーカ
作り方 P48　型紙 P88

シャツ

作り方 P49　型紙 P93

トレーナー
作り方 P91　型紙 P91

タンクトップ

作り方 P91　型紙 P91

バレーシャツ

作り方 P92　型紙 P92

ジャケット
作り方 P52　型紙 P90

スタンドカラージャケット

作り方 P90　型紙 P90

セーラー服
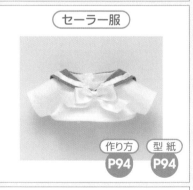
作り方 P94　型紙 P94

パンツ パンツ
作り方 P42　型紙 P87

ロングパンツ

作り方 P92　型紙 P92

サロペット

作り方 P50　型紙 P87

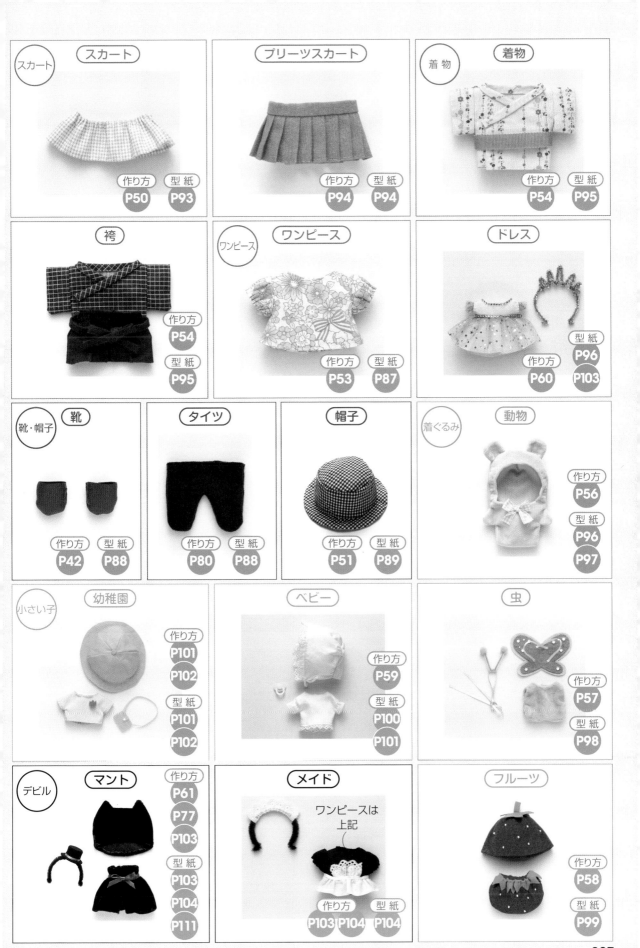

スカート

スカート

作り方 P50 　型紙 P93

プリーツスカート

作り方 P94 　型紙 P94

着物

着物

作り方 P54 　型紙 P95

袴

作り方 P54 　型紙 P95

ワンピース

ワンピース

作り方 P53 　型紙 P87

ドレス

型紙 P96 　作り方 P60 　P103

靴・帽子

靴

作り方 P42 　型紙 P88

タイツ

作り方 P80 　型紙 P88

帽子

作り方 P51 　型紙 P89

着ぐるみ

動物

作り方 P56 　型紙 P96 　P97

小さい子

幼稚園

作り方 P101 P102 　型紙 P101 P102

ベビー

作り方 P59 　型紙 P100 P101

虫

作り方 P57 　型紙 P98

デビル

マント

作り方 P61 P77 P103 　型紙 P103 P104 P111

メイド

ワンピースは上記

作り方 P103 P104 　型紙 P104

フルーツ

作り方 P58 　型紙 P99

素材について

ぬい本体を作る素材は、市販のぬいと同じ素材です。
服を作る布は手持ちの布でもできます。ハンカチでもOKです。

ぬい本体の素材

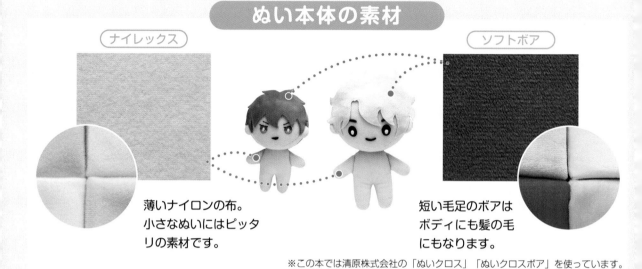

ナイレックス

薄いナイロンの布。
小さなぬいにはピッタ
リの素材です。

ソフトボア

短い毛足のボアは
ボディにも髪の毛
にもなります。

※この本では清原株式会社の「ぬいクロス」「ぬいクロスボア」を使っています。

服の素材

小さな布でできます。好きな布、好きな色で作りましょう。

木綿無地

プリント地

チェック地

ダンガリー

綿ジャージ

スウェット地

ラメ入りデニム

ベルベット

ハンカチでも
古着でもOK！

ボ　ア

合　皮

チュール

※伸びるタイプ

ぬいに必要な素材

糸

[手縫い糸]

[ミシン糸]

[刺しゅう糸]

色が合えば、どんな糸でも大丈夫です。

アイロン両面接着シート

前髪に使います。

わ た

細かいわた（粒わた）が使いやすいです。

マジックテープ

平ゴム

服の素材

ボタン

リボン

コード

ひ も

スパンコール

ラインストーン

ビーズ

レース

モール

ポンポン

フェルト

付属品をつけると服が華やかに！

用具について

専用の用具があると作りやすいですが、
代わりになるものがあれば、それでもOK。
まずは作ってみましょう！

□で囲ったものを
そろえると
いいでしょう

布を切ったり、印をつけたりする用具

はさみ

小さめの手芸用はさ
みが便利です。

セロハンテープ

切った図案を貼るほか、目
の図案などはテープごと
切ると、きれいに切れます。

フリクション

熱（アイロン）で消え
るサインペンタイプ
が便利！

白いチャコペン

布の色が濃いときは
白を使います。

縫う用具

ミシンで縫っても
いいですね

ぬい針

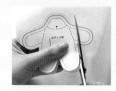

メリケン針7号くら
いが縫いやすいです
が、使い慣れたもの
でも。

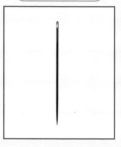

まち針

ぬいが小さいので、
細いまち針が使いや
すいです。

刺しゅう針

フランス刺しゅう針
の7号が使いやすい
でしょう。

刺しゅう枠

あると便利ですが、
なくてもできます。

貼る用具

ほつれ止め

端の始末をしなくて
いいので便利です。

木工用ボンド

前髪を貼ったりする
のに使います。

竹　串

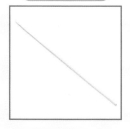

ボンドをつけて、細
かいパーツを貼ると
きに使います。

プラスチック用ボンド

布以外のもの(スパ
ンコールなど)を貼
るときに使います。

ほかに必要な用具

目打ち

ひっくり返したり、
微調整したりするの
に使います。

割り箸

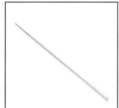

わたを手足の先まで
入れるのに、割り箸が
便利です。

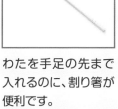

アイロン

作る前の布や、仕上が
ったあとにかけます。

服で使う用具

定　規

寸法を確認す
るときに、あ
ると便利です。

ゴム通し

小さいところ
に通すので、
曲がるものを
使います。

用具をそろえるの
も楽しいですね

ぬい本体を作りましょう！

頭とボディを別に作り、頭にボディを差し込んでつなげるタイプなので簡単です！

[基本のぬい（小）]

1	前髪用の布を作る		P32
2	型紙を写して切る		P33
3	顔のパーツをつける（刺しゅう）		P34
4	頭を作る		P36
5	ボディを作る		P38
6	頭とボディをつける		P39
7	前髪をつける		P39

■ ぬい（小）と（大）は同じ作り方です（ここでは小を作ります）。
■ ボディの素材は、ナイレックスもソフトボアも同じ作り方です。

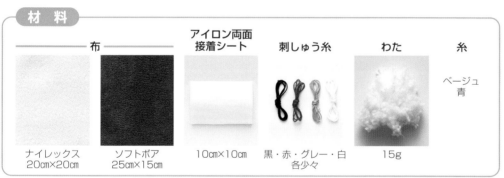

材料

布		アイロン両面接着シート	刺しゅう糸	わた	糸
ナイレックス 20cm×20cm	ソフトボア 25cm×15cm	10cm×10cm	黒・赤・グレー・白 各少々	15g	ベージュ 青

型紙

ボディ P82

顔のパーツ P25

前髪 P83

---

1 前髪用の布を作る（ソフトボアを2枚合わせた布にします）

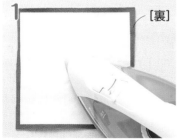

布の裏にアイロン両面接着シートをのせ、アイロンをかけます。

はくり紙をはがします。

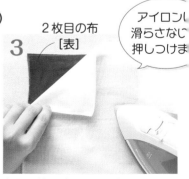

もう1枚の布を上を表にしてのせ、当て布をしてアイロンをかけます。

アイロンし滑らさない押しつけま

2 型紙を写して切る

1

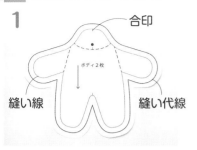

合印

縫い線　　縫い代線

型紙をコピー、または写したものを、ひと回り大きく切り取ります。

2

型紙を布にセロハンテープで貼ります。

3

形通りに切る簡単な方法です！

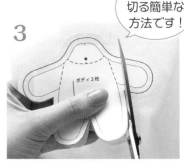

セロハンテープごと、外側の線で切ります。

4

何枚もあるものはまとめて切ります

切れたところです。3で切れた型紙をもう一度布に貼り、同じように切ります。

5

型紙の縫い代を切り取ります。

6

[裏]

4で切った布の裏にのせます。

7

合印

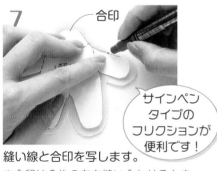

サインペンタイプのフリクションが便利です！

縫い線と合印を写します。

※合印は2枚の布を縫い合わせるときに、ずれないように合わせる印です。

8

写し終えたところです。

ボディや耳などシンプルなパーツは2枚のうち1枚は印の線をつけなくても大丈夫です。

9

[前髪1枚]　　[前頭1枚]　　[耳4枚]

型紙はあとで使うので、とっておきます

[顔用1枚]

顔の布は刺しゅうしてから切るので、まだ切りません

[顔下1枚]

[後ろ頭右1枚][後ろ頭左1枚]　[ボディ2枚]

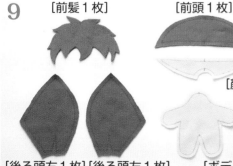

同じように、全パーツを作ります。合印も忘れずに！

033

3 顔のパーツをつける（刺しゅう）　◆ パーツをフェルトにする人は44ページへ

1

型紙の上に布を置き、図案を写します。（フリクションで）
（P35アドバイスも参考に）

2

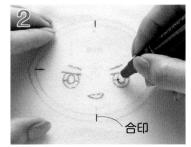

合印

写せたところです。合印も忘れずに！

刺しゅうとステッチの順

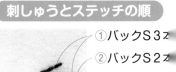

① バックS3本
② バックS2本
③ サテンS2本
④ バックS2本
⑤ サテンS2本
⑥ サテンS2本
⑦ バックS2本
⑧ サテンS2本

3

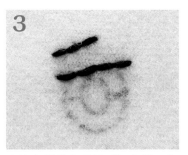

まゆと目の上のラインをバックステッチ（P35）で刺します。
3本どり

4

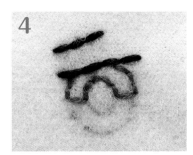

目の上半分のまわりをバックステッチで刺します。
2本どり

5

4の中をサテンステッチ（P35）で刺します。
2本どり

6

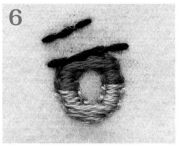

目の下半分のグレー部分を4、5と同じように刺します。

7

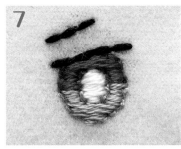

目の中心の白をサテンステッチで刺します。
2本どり

8

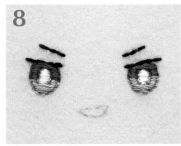

反対の目も3〜7と同じように刺します。

9

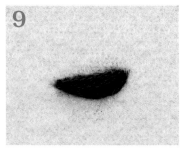

口も4、5と同じように刺します。

10

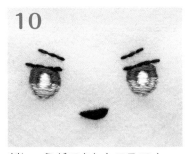

刺しゅうができたところです。

11

顔の形に切ります。

刺しゅうの基礎

刺しゅう糸について

刺しゅう糸は１本で６本

刺しゅう糸を約60㎝に切ります。
刺しゅう糸は６本で１本になっています。
必要な本数を１本ずつ引き出して、合わせて使います。

刺しゅう枠を使うと、縫い縮みがなく仕上がります

バックステッチ

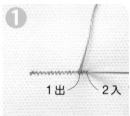

❶ 1出　2入

１針分先のところから針を出し、１針戻ったところに針を入れます。

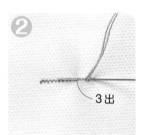

❷ 3出

２針分先から針を出します。

❸

糸を引きます。

❹

❶〜❸をくり返します。

サテンステッチ

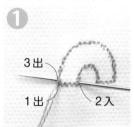

❶ 3出　1出　2入

図案の端から糸を出し、反対側に針を入れ、上に出します。

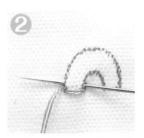

❷

糸がつらないように引き、くり返します。

❸

端まで刺したら、反対側の端からくり返します。

❹

端まで刺します。

ワンポイントアドバイス

ソフトボアへの図案の写し方

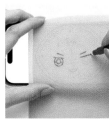

スマホを使ってもできます

スマホの画面の明るさを最高にし、画面を白い画面にします。図案、ソフトボアの順にのせると、図案が透けます。トレース台のアプリを使ってもいいですね。

※スマホ画面を傷めないように気をつけましょう。

4 頭を作る

1

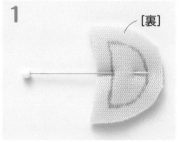

耳2枚を中表に合わせます。

2

端から端まで、縫います。
半返し縫い1本どり

3

表に返します。左右2つ作ります。

4

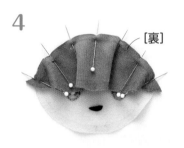

顔と前頭を中表に、合印を合わせて、まち針で止めます。

5

頭と前頭を、縫い合わせます。
半返し縫い1本どり

6

ここでひと手間かけると仕上がりが違います

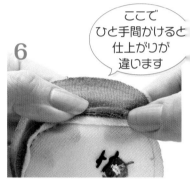

縫い代を割ります。
指先や爪で

7

0.3cm

耳を顔に仮止めします。
並縫い1本どり

8

顔と顔下を4～6と同じに縫います。

9

頭の前ができました。

10

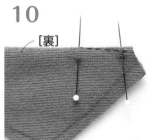

後ろ頭のダーツを縫います。まち針で止めます。

11

端側から縫います。
半返し縫い1本どり

12

ダーツを後ろ中心側に倒します。
指先や爪で

13

左右2つ縫います。

14

後ろ頭を中表に2枚合わせて、後ろ中心を縫います。
半返し縫い1本どり

15

縫い代を割ります。
指先や爪で

16

頭の前9と後ろ15を中表に合わせ、まち針で止めます。

17

端から首部分を残して縫います。
半返し縫い1本どり

18

表に返して、頭ができました。

縫い方の基礎

半返し縫い

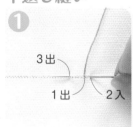

❶

3出
1出　2入

1針の半分先のところから針を出し、半分戻ったところに針を入れ、1針半先から出します。

❷

1針の半分戻ったところに針を入れ、1針半先から出すをくり返します。

並縫い

❶

針を出し入れし、進んでいきます。

❷

くり返します。

針

普通地用のメリケン針（7号）がいいでしょう。持っている針でも縫えれば大丈夫です。

糸

手縫い糸がいいですが、色が合っていれば他の糸でもかまいません。

5 ボディを作る

1

[裏]

ボディ2枚を中表に合わせ、まち針で止めます。

2
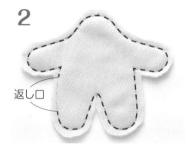
返し口

返し口を残して、まわりを縫います。
`半返し縫い1本どり`

3

切り込みを入れます。

4

ボディ2枚

表に返し、切った型紙をのせ、首と脇の線を引きます。首の合印も忘れずに。
`フリクションで`

5

割り箸でわたを少しずつ詰めます。形がしっかりするまで詰めます。（約6g）

6

返し口を縫います。
`コの字とじ1本どり`

7

脇を端から縫います。（P80参照）
`ホルベインステッチ1本どり`

8
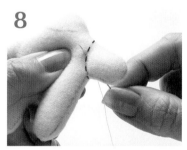

同じところを逆に縫い返します。

9
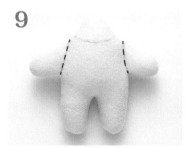

両側縫います。

縫い方の基礎

コの字とじ

❶

針を片方の布から出し、反対の布を1針縫います。

❷
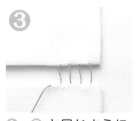

元の布を1針縫います。

❸

❶、❷と同じように、3～4針縫います。

❹

糸を引きます。

6 頭とボディをつける

1

頭にわたを入れます。しっかりめにあごにもきちんと詰めます。（約9g）　ボディと同じように

2

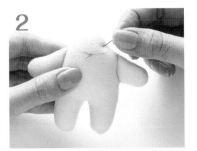

首に針を入れ、首の線の中心の合印から出します。

3

頭に首を入れます。

4

頭の中心を1針縫います。（P38参照）　コの字とじ1本どり

5

ボディ、顔を交互に縫い、1周し、糸を引きます。

6

アイロンで縫い線と合印を消します。

7 前髪をつける

1

前髪の布端がほつれるときは、ボンドやほつれ止めをきわに塗ります。

2

前髪をまち針で耳上位置と合わせて止めます。

3

グルーガンを使っても！

頭に竹串でボンドをつけます。

4

端もボンドをつけ、貼ります。

ぬい本体のできあがり！

洋服を作りましょう！

簡単に作れる洋服を紹介します。好きな色、素材で作りましょう！

[基本のぬい(小)の服]

接着芯を貼る・・・・・・・・・・・・・・ **P40**

Tシャツ・・ **1** 型紙を写して切る **P41**

2 布端の始末をする

3 アップリケをする

4 形に縫う

5 マジックテープをつける

パンツ・・・ **1** 型紙を写して切る **P42**

2 形に縫う

靴・・・・・ **1** 型紙を写して切る **P42**

2 形に縫う

■ ぬい(小)と(大)の服は同じ作り方です。

材　料

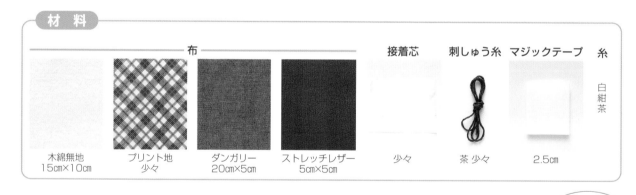

布				接着芯	刺しゅう糸	マジックテープ	糸
木綿無地 15cm×10cm	プリント地 少々	ダンガリー 20cm×5cm	ストレッチレザー 5cm×5cm	少々	茶 少々	2.5cm	白 紺 茶

型　紙

Tシャツ **P86**

パンツ **P87**

靴 **P88**

接着芯を貼りましょう！

1

布[裏]

接着芯(のりのない面)

布(裏)に接着芯ののり面を合わせて、中温のアイロンで、上から圧力をかけるように押さえます。

2

Tシャツにつけるアップリケの形に切ります。

切りっぱなしで使えるので、便利！

Tシャツを作りましょう！

（材料）布：15cm×10cm
マジックテープ：2.5cm
アップリケ布：少々
（掲載）P04　（型紙）P86

1 型紙を写して切る

縫い線　アップリケ位置

型紙を写して切り、縫い線、アップリケ位置をつけます。(P33 2 参照)

2 布端の始末をする

布端にほつれ止めを塗ります。

3 アップリケをする

アップリケを位置（★）と合わせて縫いつけます。
（並縫い2本どり）

4 形に縫う

1

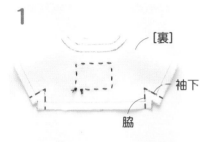

[裏]
袖下
脇

身頃を肩で折り、袖下と脇を縫います。
（並縫い1本どり）

2

衿ぐりと脇に切り込みを入れます。

3

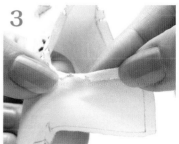

衿ぐりをできあがりに折ります。
（指先や爪で）

4

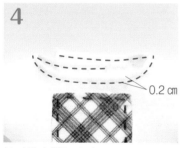

0.2 cm

衿ぐりを縫います。
（並縫い1本どり）

5

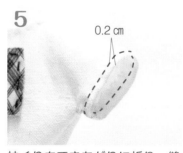

0.2 cm

袖ぐりをできあがりに折り、縫います。（並縫い1本どり）

6

0.2 cm

裾をできあがりに折り、縫います。
（並縫い1本どり）

7

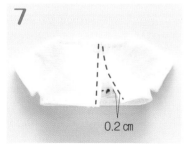

0.2 cm

後ろあきをできあがりに折り、縫います。（並縫い1本どり）

5 マジックテープをつける

マジックテープ凹
マジックテープ凸

マジックテープを切り、縫いつけます。(P81参照)
（並縫い1本どり）

Tシャツのできあがり！

パンツを作りましょう！

材料 布：20㎝×5㎝ 掲載 P04 型紙 P87

1 型紙を写して切る

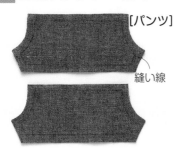

[パンツ]

縫い線

型紙を写して切り、縫い線をつけます。（P33 2 参照）布端の始末をします。（P41 2 参照）

2 形に縫う

1

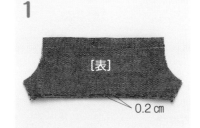

[表]

0.2㎝

裾をできあがりに折り、縫います。
並縫い1本どり

2

[裏]

股下を縫います。もう1本も同じように縫います。
半返し縫い1本どり

3

縫い代を割ります。
指先や爪で

4

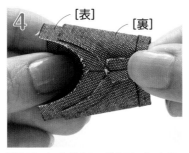

[表] [裏]

裏にした1枚に、表にした1枚を入れます。

5

股上を縫います。
半返し縫い1本どり

⑥

表に返して縫い代を割り、パンツの上をできあがりに折ります。

7

0.2㎝

パンツの上を縫います。
並縫い1本どり

パンツのできあがり！

靴を作りましょう！

材料 布：5㎝×5㎝ ※ストレッチレザーを使用 掲載 P04 型紙 P88

1 型紙を写して切る

縫い線

型紙を写して切り、縫い線をつけます。（P33 2 参照）

2 形に縫う

[裏]

2枚合わせて縫い、縫い代を斜めに切ります。
半返し縫い1本どり

靴のできあがり！

靴は撮影用です。
脱げやすいため撮影する時だけ履かせます

基本のぬい（小）ができました！

世界に１つだけの……
オリジナルのぬいができました!!

型紙を拡大すれば
大きなぬいも作れます

125%
拡大

好きなお洋服を着せて
楽しんで！

映える写真にも
チャレンジ
しましょう！

基本ができたら、
アレンジして好きな推しを作りましょう！
たくさん作るともっと楽しいですね。

1 フェルトを準備する

1

フェルトの裏に、ボンドを竹串などで薄く塗ります。

2

自然乾燥させます。

3

フェルトをほつれにくくします

乾いたら、表からアイロンを押すようにかけ、フェルトの厚みをつぶします。

2 型紙に合わせて切る

1

型紙を写すかコピーし、切ります。

2

フェルトに目の型紙をセロハンテープで貼ります。

3

セロハンテープごと、型紙に沿って切ります。

4

はさみではなく、フェルトを回すようにして、切り進みます。

5

半回転したら、反対側に戻るように切ります。

6

目のできあがり！

残っている部分を切り取り、型紙をはずします。

7

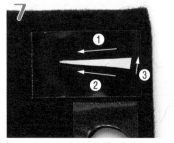

フェルトに眉の型紙をセロハンテープで貼ります。

8

7の①〜③の順に切ります。

9

反対側の眉と目、口を同様に切ります。

3 眉・目・口のつけ位置に印をつける

1

顔の布を切ります。

2

顔の型紙をのせます。

3

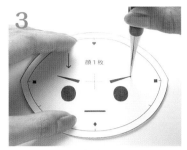

眉・目・口の部分に、それぞれ目打ちで穴をあけます。

4

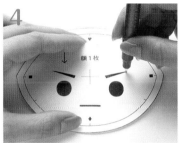

穴をあけたところに、点で印をつけます。
〔フリクションで〕

5

> 図案を透かして写す方法もあります (P35)

印がつきました。

4 眉・目・口を貼る

1

> 角度や位置を確認しましょう！

眉・目・口をつけ位置に置きます。

2

パーツの裏に、ボンドを竹串などで塗ります。

3

顔に貼ります。

> 刺しゅう (P34) と組み合わせてもOK！好きな方法で作ろう

ワンポイントアドバイス

貼るだけのワッペンもあります。
いろいろなタイプ・サイズの目、眉、口の
アイロン接着ワッペンが市販されています。
組み合わせて使ってみてもいいですね。

ヘアのバリエーション

掲載 P06　型紙 P83

バリエーション ツンツンヘアの作り方

1 ツンツン髪・前髪を作る

［ツンツン髪］

［前髪］

布を2枚合わせにし（P32 1 参照）、型紙を写して切ります。

2 ツンツン髪・前髪をつける

1

ツンツン髪を頭の縫い目に合わせ、まち針で止めます。

2

ツンツン髪の端と頭を巻きかがりで縫います。（P80 参照）

巻きかがり1本どり

3

端まで縫います。

4

前髪を耳上位置に合わせてまち針で止め、頭に竹串でボンドをつけ、貼ります。

ツンツンヘアのできあがり！

掲載 P07　型紙 P85

バリエーション ロングヘアの作り方

1 後ろ髪・前髪を作る

1

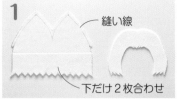

縫い線

下だけ2枚合わせ

布を2枚合わせにし（P32 1 参照）、型紙を写して切り、後ろ髪は縫い線をつけます。

2

［裏］

後ろ髪のダーツを縫います。

半返し縫い1本どり

2

［裏］

後ろ髪と頭を縫い合わせます。

半返し縫い1本どり

3

後ろ髪を裏返します。

2 後ろ髪・前髪をつける

1

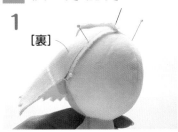

［裏］

後ろ髪を頭の縫い目に写真のように合わせ、まち針で止めます。

ロングヘアのできあがり！

頭にボンドをつけて前髪を貼ります。

おだんごの作り方

掲載 P07　型紙 P84

1 おだんごを作る

1 型紙を写して切ります。

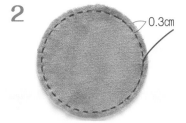

2 まわりを細かく縫います。糸端は残しておきます。
並縫い1本どり

3 糸を引いてしぼり、わたを入れ、口を十字に縫って玉止めします。

2 おだんごをつける

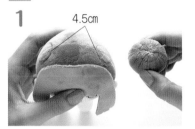

1 頭のおだんごつけ位置と、おだんごのしぼった面に、丸く印をつけます。

2 つけ位置を合わせ、1周縫いつけます。
コの字とじ1本どり

おだんごの
できあがり！

ツインテールの作り方

掲載 P08　型紙 P86

1 ツインテールを作る

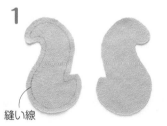

1 型紙を写して切り、縫い線をつけます。

縫い線

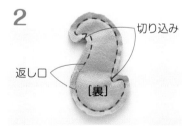

2 2枚を中表に重ね、返し口を残して縫い合わせ、切り込みを入れます。
半返し縫い1本どり

切り込み
返し口
[裏]

3 表に返し、わたを入れます。

4 返し口をとじます。
コの字とじ1本どり

2 ツインテールをつける

頭のツインテール、つけ位置と、ツインテールの先に丸く印をつけ、合わせて1周縫いつけます。
コの字とじ1本どり

ツインテールの
できあがり！

パーカの作り方

材料　布：30cm×15cm
丸ひも：30cm

1 型紙を写して切る

［フード］　　［身頃］

合印

縫い線　　［ポケット］

型紙を写して切り、縫い線、合印をつけます。

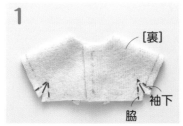

0.8cm

前端を折り返し、縫います。
並縫い1本どり

4 身頃を縫う

1

［裏］

袖下

脇

身頃を肩で折り、袖下と脇を縫い、脇に切り込みを入れます。
半返し縫い1本どり

2

衿ぐりを縫います。
半返し縫い1本どり

2 フードを作る

1

［裏］

ひも通し口の裏にボンドまたはほつれ止め液を塗り、目打ちで穴をあけます。

3 ポケットをつける

1

0.3cm

［裏］

ポケットの左右を折り返し、縫います。
並縫い1本どり

2

0.3cm

裾をできあがりに折り、縫います。
並縫い1本どり

6 袖口を縫い、ひもを通す

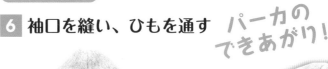

0.3cm

袖口をできあがりに折り、縫います。
並縫い1本どり

2

0.5cm

［裏］

2枚を中表に重ね、後ろ中心を縫い合わせます。
半返し縫い1本どり

2

0.3cm

ポケットの上をできあがりに折り、身頃に縫いつけます。

5 フードをつける

1

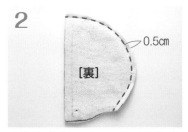

［裏］

身頃とフードの衿ぐりを合わせ、まち針で止めます。

パーカのできあがり！

丸ひもを通し、両端を結びます。

シャツの作り方

材料　布：25cm×10cm
マジックテープ：2.5cm
直径0.5cmボタン：3個

掲載 P06　型紙 P93

1 型紙を写して切る

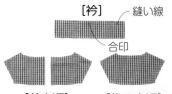

[衿] — 縫い線
合印
[前身頃]　[後ろ身頃]

型紙を写して切り、縫い線、合印をつけます。

2 身頃を縫う

1

[裏]

後ろ身頃に前身頃を中表に重ね、肩を縫い合わせます。
半返し縫い1本どり

2

衿下
脇

袖下と脇を縫い、脇に切り込みを入れます。

3

0.2cm

袖口をできあがりに折り、縫います。
並縫い1本どり

3 衿をつける

1

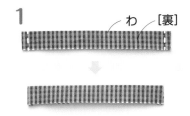

わ　[裏]

衿を半分に折って左右を縫い、表に返します。
半返し縫い1本どり

2

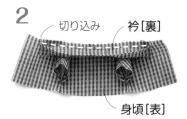

切り込み　衿[裏]
身頃[表]

身頃（表）に衿を重ね、衿の内側と身頃を縫い合わせ、衿の両側の身頃に切り込みを入れます。
並縫い1本どり

3

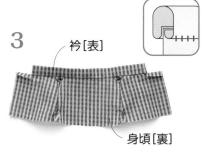

衿[表]
身頃[裏]

衿をできあがりに折り、衿の内側を身頃に縫いつけます。
たてまつり1本どり

4 裾・前立てを縫う

1

0.2cm

裾をできあがりに折り、縫います。
並縫い1本どり

2

0.2cm

前立てをできあがりに折り、縫います。反対側も同様に縫います。

5 マジックテープ・ボタンをつける

1

マジックテープを切り、縫いつけます。（P81参照）

2

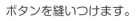

ボタンを縫いつけます。

シャツの
できあがり！

サロペットの作り方

材料 布：15cm×10cm
0.5cm平ゴム：15cm
直径0.5cmボタン：2個

掲載 P06 　型紙 P87

1 型紙を写して切る

[身頃]

縫い線

型紙を写して切り、縫い線をつけます。

2 身頃を縫う

1

[裏]

0.2 cm

裾をできあがりに折り、縫います。

並縫い1本どり

2

折り山

1を半分に折り、股下を縫います。2枚作ります。

半返し縫い1本どり

3

[表] [裏]

2枚を中表に、写真のように重ねます。

4

前中心から後ろ中心までを縫い合わせます。

半返し縫い1本どり

5

前中心 後ろ中心

表に返し、脇の下部分の縫い代に切り込みを入れます。

6

0.2 cm

上端と脇の下部分をできあがりに折り、縫います。

並縫い1本どり

3 肩ひも・ボタンをつける

平ゴムを身頃の内側に縫いつけます。

サロペットのできあがり！

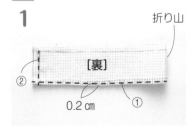

ボタンを縫いつけます。

スカートの作り方

材料 布：25cm×5cm

掲載 P07 　型紙 P93

1 型紙を写して切る

[スカート]

縫い線

型紙を写して切り、縫い線をつけます。

2 縫う

1

折り山

[裏]

② ①

0.2 cm

裾をできあがりに折って縫い（①）、半分に折って横を縫います（②）。

並縫い1本どり

帽子の作り方

材料 布：各45cm×15cm

掲載 P07　型紙 P89

1 型紙を写して切る

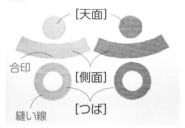

[天面]

合印

[側面]

[つば]

縫い線

型紙を写して切り、縫い線、合印をつけます。

2 本体とつばを作る

1

0.4cm　わ

[裏]

側面を半分に折り、横を縫います。

半返し縫い1本どり

2

[裏]

側面と天面を縫い合わせます。

半返し縫い1本どり

3 本体とつばを縫い合わせる

1

[裏]

つばと本体1枚を縫い合わせます。

半返し縫い1本どり

3

[裏]

つば2枚を中表に合わせ、外側を縫い合わせます。

4

つばを表に返します。

2

残りの本体1枚の縫い代をできあがりに折ります。

3

1に2を入れ、縫い合わせます。

コの字とじ1本どり

帽子のできあがり！

リバーシブル

2

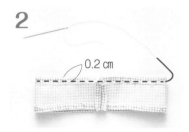

0.2cm

縫い代を割って開き、上をできあがりに折って縫います。糸端は残しておきます。

3

ぬい本体に着せ、ウエストに合わせて糸を引き、玉止めし、ギャザーを整えます。

スカートのできあがり！

ジャケットの作り方

材料 布：30cm×10cm
直径0.5cmボタン：2個

 掲載 P07　 型紙 P90

1 型紙を写して切る

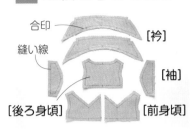

合印
縫い線
[衿]
[袖]
[後ろ身頃]
[前身頃]

型紙を写して切り、縫い線、合印をつけます。

2 身頃と袖を縫う

1

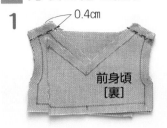

0.4cm
前身頃
[裏]

後ろ身頃と前身頃を中表に重ね、肩を縫います。
半返し縫い1本どり

2

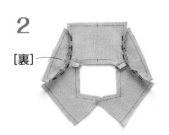

[裏]

身頃と袖を縫い合わせます。
半返し縫い1本どり

3 衿を作り、つける

1

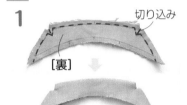

切り込み
[裏]

衿を中表に合わせて外側を縫い、切り込みを入れ、表に返します。
半返し縫い1本どり

3

[裏]

袖下と脇を縫います。
半返し縫い1本どり

4

0.2cm

袖口をできあがりに折り、縫います。
並縫い1本どり

2

身頃[表]

衿と身頃を合わせ、衿の内側1枚と身頃を縫い合わせます。
並縫い1本どり

3

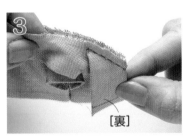

[裏]

前身頃の見返しを折り返し、衿の外側1枚と縫い合わせます。

4

切り込み

見返しを表に返し、縫い代に切り込みを入れ、縫い代を衿側に折り込んで縫います。
たてまつり1本どり

4 裾を縫い、ボタンをつける

1

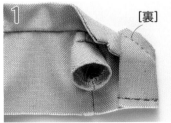

[裏]

見返しを裏返し、裾を縫います。
半返し縫い1本どり

2

0.2cm

見返しを表に返し、裾をできあがりに折り、縫います。
並縫い1本どり

ジャケットのできあがり！

ボタンを縫いつけます。

ワンピースの作り方

材料 布：25cm×15cm
マジックテープ：4cm

掲載 P06 型紙 P87

1 型紙を写して切る

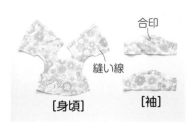

合印

縫い線

[身頃]　[袖]

型紙を写して切り、縫い線、合印をつけます。

2 衿ぐりを縫う

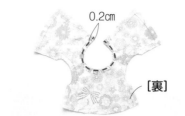

0.2cm

[裏]

衿ぐりの縫い代に切り込みを入れ、できあがりに折り、縫います。

並縫い1本どり

3 袖を作り、つける

1

[裏]

0.2cm

袖口をできあがりに折り、縫います。糸端は残しておきます。

並縫い1本どり

2

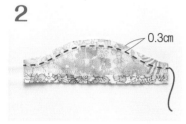

0.3cm

袖の上側を縫います。糸端は残しておきます。

並縫い1本どり

3

[裏]

身頃の合印に合わせて2の糸を引いて縮め、まち針で止めます。

4

袖と身頃を縫い合わせます。

半返し縫い1本どり

4 身頃を縫う

1

身頃の袖下と脇を縫います。

半返し縫い1本どり

2

ぬい本体に着せ、3 1で残しておいた糸を腕に合わせて引き、玉止めします。

3

0.2cm

裾をできあがりに折り、縫います。

並縫い1本どり

4

0.2cm

後ろ身頃の端をできあがりに折り、縫います。

並縫い1本どり

5

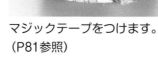

マジックテープをつけます。
（P81参照）

ワンピースのできあがり！

着物（短）の作り方

（材料）布：25cm×15cm　掲載 P10　型紙 P95

1 型紙を写して切る

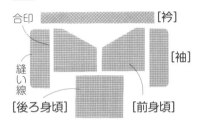

合印　[衿]
縫い線
[袖]
[後ろ身頃]　[前身頃]

型紙を写して切り、縫い線、合印をつけます。

2 身頃の肩を縫う

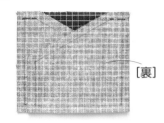

[裏]

後ろ身頃と前身頃を中表に合わせ、肩を縫います。
半返し縫い1本どり

3 袖をつける

1

[裏]　[表]

身頃に袖を中表に合わせ、脇のあき口★の間を縫います。
半返し縫い1本どり

4 身頃のまわりを縫う

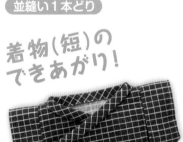

身頃の衿ぐり、前端、裾をできあがりに折り、縫います。脇のあき口も縫います。
並縫い1本どり

2

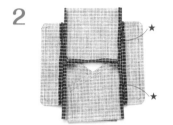

★

縫い代を折り返し、★から端までを縫います。
並縫い1本どり

3

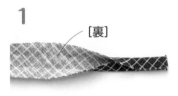

身頃を肩で折り、脇を♥から端まで縫い、袖下を縫います。
半返し縫い1本どり

5 衿をつける

1

[裏]

衿を三つ折りにし、アイロンで折り目をつけます。

2

衿
身頃

衿
身頃

1を開き、内側を身頃にボンドで貼り、端（▲）を内側に折り、全体をできあがりに折って外側をボンドで貼ります。

着物（短）のできあがり！

着物の作り方

（材料）布：30cm×15cm　1cmリボン：30cm※帯に使用　掲載 P10　型紙 P95

着物のできあがり！

1

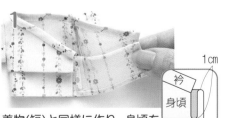

1cm

衿
身頃

着物（短）と同様に作り、身頃を写真のように1cm折ります。

2

折り目の内側を数カ所ボンドで止めます。

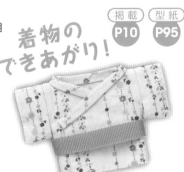

リボンを巻いて後ろで結びます。

袴の作り方

材料 布：30cm×10cm

掲載 P10　型紙 P95

1 型紙を写して切る

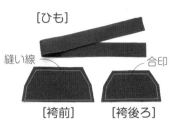

[ひも]

縫い線　合印

[袴前]　[袴後ろ]

型紙を写して切り、縫い線、合印をつけます。

2 袴を縫う

1

0.2cm

[裏]

[裏]

袴前と袴後ろの裾と脇の斜めの縫い代をできあがりに折り、縫います。
`並縫い1本どり`

2

0.2cm

[表]

袴前のタックを縫います。
`並縫い1本どり`

3

2のタックを中心側に向けて倒し、上をできあがりに折って縫います。`並縫い1本どり`

4

[裏]

袴前・後ろを中表に合わせ、両脇を縫います。
`半返し縫い1本どり`

5

表に返し、股下を縫います。
`並縫い1本どり`

3 ひもをつける

1

ひもを四つ折りしてアイロンで折り目をつけ、角を切ります。

2

ひもの端を内側に入れるように、折り目をつけます。

3

★

[表]

[表]

2を開き、合印を袴後ろの中心に合わせて重ね、縫い合わせます。`並縫い1本どり`

4

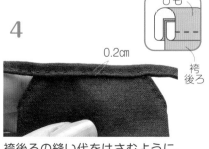

0.2cm

ひも

袴後ろ

袴後ろの縫い代をはさむように、ひもをできあがりに折り、ひもの端を縫います。`並縫い1本どり`

袴の
できあがり！

着ぐるみ（クマ）の作り方

 材料　布：30cm×20cm
1.5cmリボン：20cm
わた：少々

掲載 P12　型紙 P96 P97

1 型紙を写して切る

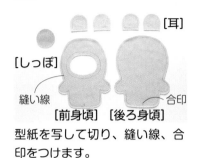

[しっぽ]　[耳]
縫い線　合印
[前身頃] [後ろ身頃]

型紙を写して切り、縫い線、合印をつけます。

2 耳をつける

1

[裏]

耳を中表に重ねて縫い合わせます。
半返し縫い1本どり

2

表に返します。2枚作ります。

3

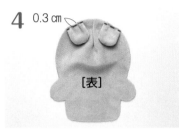

[裏]

後ろ身頃のダーツを縫います。
半返し縫い1本どり

4

0.3cm

[表]

後ろ身頃に耳を縫いつけます。
並縫い1本どり

3 身頃を縫う

1

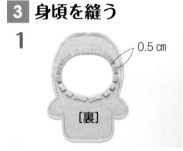

0.5cm

[裏]

前身頃の顔出し口の縫い代に切り込みを入れ、折り返します。

2

0.3cm

顔出し口のまわりを縫います。
並縫い1本どり

3

切り込み

前身頃と後ろ身頃を中表に重ね、まわりを縫います。
半返し縫い1本どり

4 しっぽ・リボンをつける

1

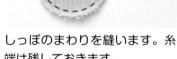

0.3cm

しっぽのまわりを縫います。糸端は残しておきます。
並縫い1本どり

2

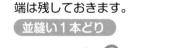

糸を引いてしぼり、わたを入れ、口を十字に縫って玉どめします。

3

後ろ身頃に縫いつけます。

着ぐるみのできあがり！

リボンを結んで縫いつけます。

虫（チョウチョウ）の作り方

材料　布：20cm×10cm　フェルト：各10cm×10cm
マジックテープ：4cm　0.3cmリボン：60cm
直径1cmボンテン：2個
ラインストーンシール：適量
モール：1本

掲載　P14
型紙　P98

1 型紙を写して切る

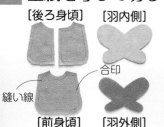

[後ろ身頃]　[羽内側]

縫い線　合印

[前身頃]　[羽外側]

型紙を写して切り、縫い線、合印をつけます。

2 身頃を縫い、マジックテープをつける

1

0.2cm

[裏]

後ろ身頃の端をできあがりに折り、縫います。

並縫い1本どり

2

0.4cm

[裏]

前身頃と後ろ身頃を中表に重ね、肩を縫い合わせます。

半返し縫い1本どり

3

[裏]

0.2cm

衿ぐりの縫い代に切り込みを入れてできあがりに折り、縫います。

並縫い1本どり

4

マジックテープをつけます。
（P81参照）

5

[裏]

袖口・裾のあき口をあけて縫い合わせます。

半返し縫い1本どり

6

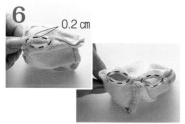

0.2cm

袖口・裾のあき口の縫い代をできあがりに折り、縫います。

並縫い1本どり

3 羽を作る

1

羽内側のつけ位置にリボン8.3cmを縫いつけます。

2

反対側のリボンもつけ、羽内側と外側をボンドで貼り合わせ、ラインストーンシールを貼ります。

4 ヘアバンドを作る

1

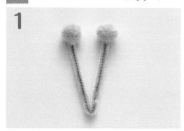

モール9cmをV字に折り、先にボンドをつけ、ボンテンを差し込んでつけます。

2

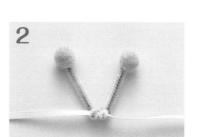

リボン40cmの中心にモールをひと巻きしてつけます。

チョウチョウのできあがり！

フルーツ（イチゴ）の作り方

材料　布：55cm×10cm
フェルト：15cm×10cm
0.4cm平ゴム：15cm
丸大ビーズ：適量

掲載 P15　型紙 P99

1 型紙を写して切る

[帽子]
縫い線
[ヘタ（上）] [茎] [ヘタ（下）]
[本体]

型紙を写して切り、縫い線をつけます。

2 帽子を縫い、ヘタをつける

1

[裏]

2枚を中表に合わせ、縫い合わせます。3組作ります。
`半返し縫い1本どり`

2

1を帽子の形に合わせ、縫い合わせます。
`半返し縫い1本どり`

3

0.2cm

表に返し、裾をできあがりに折り、縫います。
`並縫い1本どり`

4

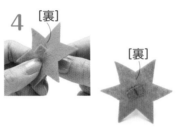

[裏]
[裏]

ヘタ（上）の中心に切り込みを入れ、茎を二つ折りして差し込み、端をボンドで貼ります。

5

ヘタを帽子の中心にボンドで貼ります。

3 本体を作り、ヘタをつける

1

[裏]

袖口をあけて本体を縫い合わせます。
`半返し縫い1本どり`

2

0.2cm

袖口をできあがりに折り、袖口を縫います。
`並縫い1本どり`

3

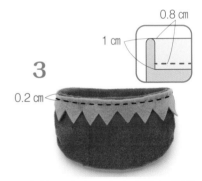

0.8cm
1cm
0.2cm

本体の上をできあがりに折り、ゴム通し口をあけて縫います。外側にヘタ（下）を1周縫いつけます。　`並縫い1本どり`

3 ビーズ・ゴムをつける

1

ビーズを全体に縫いつけます。

2

本体にゴムを通し、端を縫い止めます。

イチゴのできあがり！

ベビーボンネットの作り方

材料 布：30cm×10cm
フリルレース：25cm
0.3cmリボン：20cm

掲載 P16
型紙 P100 P101

1 型紙を写して切る

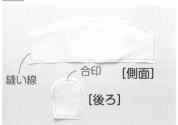

縫い線　合印　[側面]
[後ろ]

型紙を写して切り、縫い線、合印をつけます。

2 本体側面にレースをつける

1

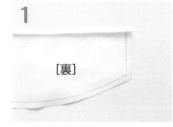

[裏]

本体側面の前側をできあがりに折ります。

2

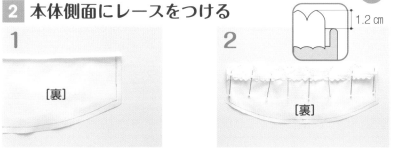

1.2cm

[裏]

レースをまち針で止めます。

3

0.2cm

レースを縫いつけます。
並縫い1本どり

4

レースがつきました。

3 本体後ろと側面を縫い合わせる

1

0.3cm

本体側面の後ろ側を縫います。糸端は残しておきます。
並縫い1本どり

2

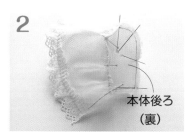

本体後ろ
（裏）

本体後ろの合印に合わせて1の糸を引いて縮め、まち針で止めます。

3

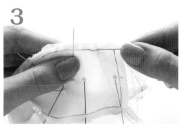

本体後ろと側面を縫い合わせます。
半返し縫い1本どり

4

縫い合わせたところです。

4 裾を縫い、リボンをつける

1

裾をできあがりに折り、側面の端にリボンをボンドで貼ります。

2

0.2cm

裾を縫います。
並縫い1本どり

ベビーボンネットのできあがり！

ドレスの作り方

材料　布(木綿地):25cm×15cm
布(チュール):30cm×10cm
マジックテープ:2cm
0.3cmリボン:40cm　ラインストーンシール:適量

掲載 P11
型紙 P96

1 型紙を写して切る

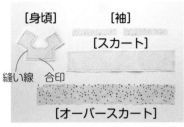
[身頃]　[袖]
[スカート]
縫い線　合印
[オーバースカート]

型紙と寸法図を参照して布を切り、縫い線、合印をつけます。

2 身頃を縫う

1

[裏] 0.2cm

身頃の衿ぐりと脇の縫い代に切り込みを入れ、できあがりに折り、縫います。 並縫い1本どり

2
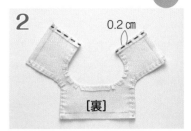
0.2cm [裏]

後ろ身頃の端をできあがりに折り、縫います。 並縫い1本どり

3

マジックテープをつけます。（P81参照）

3 スカートを作り、つける

1
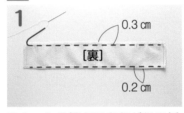
0.3cm [裏] 0.2cm

スカートの裾をできあがりに折って縫い、ウエスト側を縫います。ウエスト側の糸端は残しておきます。 並縫い1本どり

2

[裏]

半分に折って横を縫います。 半返し縫い1本どり

3

身頃の合印に合わせて1の糸を引いて縮め、まち針で止めます。

4
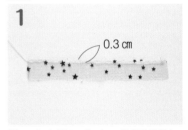

身頃とスカートを縫い合わせます。 半返し縫い1本どり

4 袖を作り、つける

1

0.3cm

袖の上を縫います。糸端は残しておきます。 並縫い1本どり

5 ラインストーンをつける

2

1の糸を引いて1.2cmに縮め、玉止めします。2枚作ります。

3

肩の内側に縫いつけます。 並縫い1本どり

表に返し、衿ぐりにラインストーンシールを1周、ボンドで貼ります。

6 オーバースカートを作る

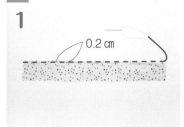
1
0.2 cm

オーバースカートのウエスト側を縫います。糸端は残しておきます。
`並縫い1本どり`

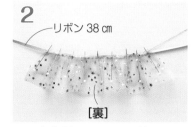
2
リボン 38 cm
[裏]

1の糸を引いて12cmに縮め、リボンの中心に合わせ、まち針で止めます。

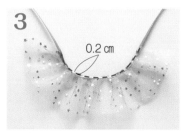
3
0.2 cm

リボンとオーバースカートを縫い合わせます。
`並縫い1本どり`

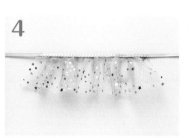
4

リボンの表側にラインストーンシールをボンドで貼ります。

ドレスの
できあがり！

ドレスのスカートの上に
リボンで結びます。

ラインストーンシールは、
1粒タイプではなく、
列につながっているタイプを
使うと簡単です。

 ティアラの作り方　`材料` モール:2本
`掲載` P11　`型紙` P103

1
0.5 cm

モール16cmを曲げ、両端を0.5cm折り返します。

2

モール20cmを型紙に合わせて中心からジグザグに折ります。

ティアラの
できあがり！

1に2を引っかけます。

 帽子の作り方　`材料` 布:25cm×10cm
`掲載` P17　`型紙` P104

1
[帽子前]　[帽子後ろ]
縫い線

型紙を写して切り、縫い線をつけます。

2

2枚を中表に重ね、まわりを縫います。
`半返し縫い1本どり`

帽子の
できあがり！
0.2 cm

裾をできあがりに折って縫います。
`並縫い1本どり`

基本のもちぬい

いつでもどこでも一緒に！
おもちみたいな形のぬい「もちぬい」です。
ころんとかわいい形がいいですね。
さあ、基本のもちぬいから作ってみましょう！

NO.M1

NO.M2

いつでも
どこでも一緒！

小さなもちぬいを
バッグに入れて！
お出かけしましょう

アレンジで
オリジナルに！

好きな子をもちぬいに。
髪型や表情を選んで
いろいろアレンジできます。

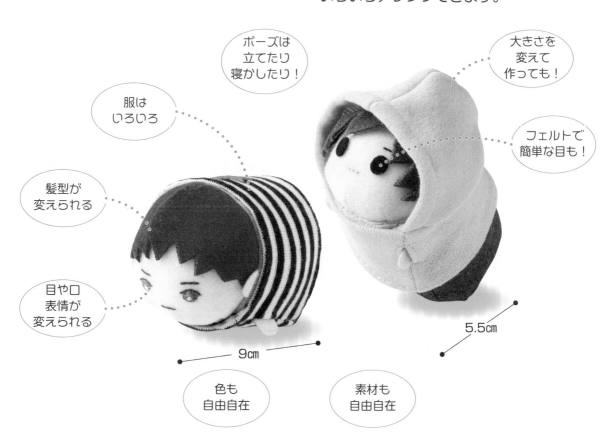

ポーズは
立てたり
寝かしたり！

大きさを
変えて
作っても！

服は
いろいろ

フェルトで
簡単な目も！

髪型が
変えられる

目や口
表情が
変えられる

9cm

5.5cm

色も
自由自在

素材も
自由自在

SCHOOL&キュートなもちぬい

体操着に制服のかっこいいもちぬいと
かわいいアップリケTシャツのもちぬい!

School

NO.M3

NO.M4

立てたり、寝そべったり
教室にいるもちぬい

Cute

NO.M5

NO.M6

普段着のもちぬい
持ち歩きを楽しんで！

何にでもなれる！
コスプレがかわいいもちぬい

かわいい動物になったり
憧れのメイドさんになったり……
何にでもなれるのがいいですね。

NO.M7
ウサギ

NO.M8
クマ

Animal Costume

モコモコ着ぐるみにすっぽり！
耳がチャームポイント

066

ピンクのマントにメイド服
楽しい着せ替え服です！

NO.M9

NO.M10

Cloak & Maid

もちぬいを作りましょう！

頭とボディを作って、ぐるっと縫い合わせる、簡単な作りです！

1	型紙を写して切る	P68
2	顔のパーツをつける（刺しゅう）	P69
3	頭を作る	P69
4	ボディを作る	P70
5	ボディに頭をつける	P70

■ ボディの素材は、ナイレックスもソフトボアも同じ作り方です。

[基本のもちぬい]

型 紙

ボディ	顔のパーツ	髪
P105	P105	P105

材 料

布

ナイレックス 20cm×10cm	ソフトボア 10cm×10cm	ソフトボア 30cm×10cm

アイロン両面接着シート
10cm×5cm

刺しゅう糸
紺・青・白 各少々

わた
10g

糸
ベージュ
グレー

---

1 型紙を写して切る

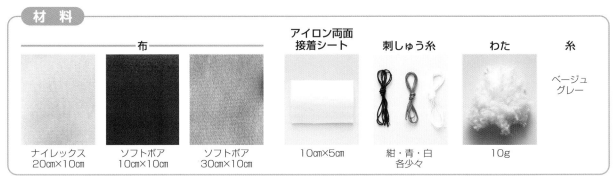

[髪1枚]

耳・手足は、布を
両面接着シートで
2枚合わせにします
（P32参照）

[耳2枚]

[顔用1枚]

[お尻2枚]

[手足4枚]

顔の布は刺しゅう
してから切るので、
まだ切りません

[背中1枚]

[お腹1枚]

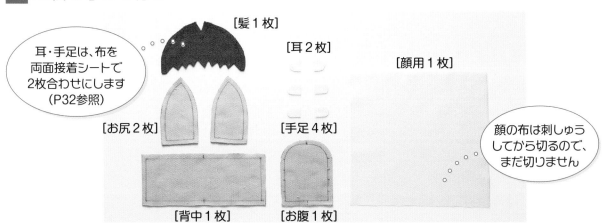

型紙を布に写して切ります。（P33参照）

2 顔のパーツをつける（刺しゅう）　◆ パーツをフェルトにする人はP44

1

布に顔の型紙とパーツの図案を写します。（P34参照）
`フリクションで`

2

まゆ、目の上のライン、口をバックステッチで刺します。（P35参照）`3本どり`

`刺しゅうとステッチの順`

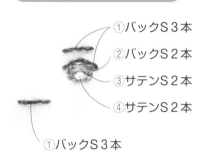

① バックS３本
② バックS２本
③ サテンS２本
④ サテンS２本
① バックS３本

3

サテンS
バックS

目のまわりをバックステッチで刺し、中をサテンステッチで刺します。`2本どり`

4

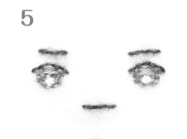

サテンS

目の白部分をサテンステッチで刺します。`2本どり`

5

刺しゅうができたところです。

3 頭を作る

1

型紙を写した線で顔を切ります。

2

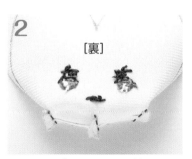

［裏］

あご下のダーツ3カ所を縫います。
`半返し縫い１本どり`

3

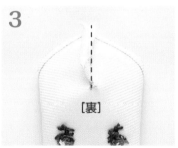

［裏］

おでこのダーツを縫います。

4

［裏］

髪のダーツを縫います。

5

0.3cm

顔に髪をかぶせ、端を仮止めします。`並縫い１本どり`

6

0.3cm

耳を顔に仮止めします。

4 ボディを作る

1

0.3cm

[表]

手足をお腹に仮止めします。

`並縫い1本どり`

2

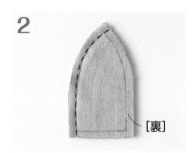

[裏]

お尻2枚を中表に合わせ、後ろ中心を縫い合わせます。

`半返し縫い1本どり`

3

[裏]

背中とお尻を縫い合わせます。

`半返し縫い1本どり`

4

お尻

背中

お腹
[裏]

3とお腹を縫い合わせます。

`半返し縫い1本どり`

ワンポイントアドバイス

カーブと直線を合わせるので、ずれないようまち針でしっかり止めてから縫います。
縫うときは、お腹側を見ながら縫いましょう！

5 ボディに頭をつける

1

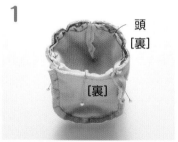

頭
[裏]

[裏]

ボディに頭を入れて中表に重ね、まち針で止めます。

2

返し口

返し口をあけて、縫い合わせます。

`半返し縫い1本どり`

3

表に返し、わたを入れます。

4

返し口を少し残して頭とボディをとじ、わたをさらに均等に入れます。　`コの字とじ1本どり`

5

返し口をとじます。

もちぬいのできあがり！

 もちTシャツを作りましょう！

材料 布：20㎝×10㎝
フェルト：少々

掲載 P62

型紙 P108

1 型紙を写して切る

[前身頃]
合印 ★
縫い線
[後ろ身頃]

型紙を写して切り、縫い線、合印をつけます。

2 身頃を縫う

1

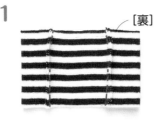
[裏]

前身頃と後ろ身頃を、袖口をあけて輪に縫い合わせます。
半返し縫い１本どり

2

縫い代を左右に割ります。

3

0.2㎝

袖口の左右を縫います。
並縫い１本どり

3 アップリケをする

1

アップリケの裏に少量のボンドをつけます。

2

後ろ身頃のつけ位置に貼り、まわりを１周縫いつけます。
たてまつり１本どり

3

0.2㎝

裾と上端をできあがりに折り、縫います。 並縫い１本どり

もちTシャツの
できあがり！

縫い方の基礎

たてまつり

❶

★

フェルト（★）から糸を出します。

❷

端に直角になるように布に針を入れ、1針先から出します。

❸

くり返します。

❹

たてまつりができました。

1 ツンツン髪を作る

布を2枚合わせにし（P32 1 参照）、型紙を写して切ります。

2 ツンツン髪をつける

ツンツン髪を頭の縫い線に合わせ、まち針で止めます。

ツンツン髪の端と頭を巻きかがりで縫います。（P80参照）

巻きかがり1本どり

もちツンツンヘアのできあがり！

ワンポイントアドバイス

ほつれ止め液について

ツンツン髪や前髪など、布端が切りっぱなしのパーツは端にほつれ止め液を塗っておきましょう。

1 おだんごを作る

1 型紙を写して切ります。

2 まわりを細かく縫います。糸端は残しておきます。

並縫い1本どり

3 糸を引いてしぼり、わたを入れ、口を十字に縫って玉止めします。

4 おだんごをつける

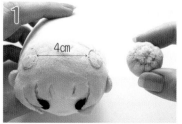

1 4cm

頭のおだんごつけ位置と、おだんごのしぼった面に、丸く印をつけます。

2 つけ位置を合わせ、1周縫いつけます。

コの字とじ1本どり

もちおだんごヘアのできあがり！

もち着ぐるみ(ウサギ)の作り方

材料　布:30cm×15cm　フェルト:10cm×10cm　わた:少々　掲載 P66　型紙 P110 P111

1 型紙を写して切る

[背中]　[耳]

縫い線

[お腹]　[しっぽ]

型紙を写して切り、縫い線をつけます。

2 身頃を縫う

1

[裏]

背中の後ろ中心のダーツを縫います。
半返し縫い1本どり

2

[裏]

1の左右のダーツを縫います。
半返し縫い1本どり

3

[お腹]
[裏]

背中とお腹を合わせ、まち針で止めます。

4

[裏]

背中とお腹を縫い合わせます。
半返し縫い1本どり

5

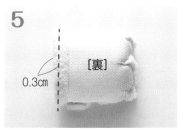

[裏]
0.3cm

首側をできあがりに折り、縫います。　並縫い1本どり

3 耳を作り、つける

1

[裏]

耳の布とフェルトを中表に縫い合わせます。表に返し、根元側の縫い代を内側に入れ、とじます。　半返し縫い1本どり　コの字とじ1本どり

2

本体に縫いつけます。
たてまつり1本どり

3

4cm
1.5cm

反対側もつけます。

4 しっぽを作り、つける

1

しっぽのまわりを縫い、わたを入れ、糸を引いてしぼります。
並縫い1本どり

2

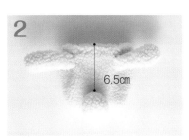

6.5cm

本体に縫いつけます。

もち着ぐるみのできあがり!

もちスカートの作り方

材料　布：40cm×10cm　マジックテープ：2.5cm
掲載 P65　型紙 P109

1 型紙を写して切る

縫い線
[ウエストベルト]
[スカート]

寸法図を参照して布を切り、縫い線をつけます。

2 スカートを縫い、ウエストベルトをつける

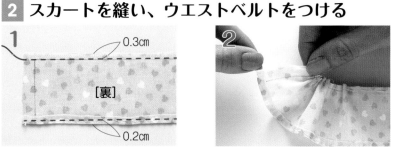

1 0.3cm
[裏]
0.2cm

スカートの裾をできあがりに折って縫い、ウエスト側を縫います。ウエスト側の糸端は残しておきます。 並縫い1本どり

2

1の糸を引いて縮めます。

3 ウエストベルト[裏]

ウエストベルトに合わせ、まち針で止めます。

4 [耳] [裏]

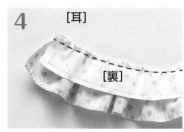

スカートとウエストベルトを縫い合わせます。 並縫い1本どり

5 0.2cm

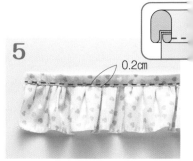

スカートの縫い代をはさむように、ウエストベルトをできあがりに折り、端を縫います。 並縫い1本どり

6 0.2cm [裏]

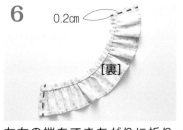

左右の端をできあがりに折り、縫います。 並縫い1本どり

7

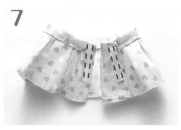

マジックテープをつけます。（P81参照）

もちスカートのできあがり！

もちパンツの作り方

材料　布：30cm×10cm
掲載 P62　型紙 P107

1 型紙を写して切る

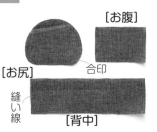

[お腹]
[お尻]
合印
縫い線
[背中]

型紙を写して切り、縫い線、合印をつけます。

2 縫い合わせる

1

[裏]

お腹と背中を輪に縫い合わせます。 半返し縫い1本どり

もちパーカの作り方

材料　布（綿ジャージ）：25㎝×20㎝

掲載 P62　型紙 P108

1 型紙を写して切る

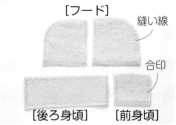

[フード]　縫い線　合印　[後ろ身頃] [前身頃]

型紙と寸法図を参照して布を切り、縫い線、合印をつけます。

2 身頃を縫う

1

[裏]

後ろ身頃と前身頃を袖口をあけて輪に縫い合わせます。

半返し縫い1本どり

2

0.3㎝　[裏]

脇の縫い代を割り、袖口を縫います。

並縫い1本どり

3

0.3㎝

裾をできあがりに折り、縫います。

並縫い1本どり

3 フードを作り、つける

1

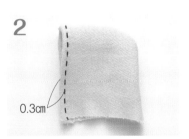

[裏]

フード2枚を中表に重ね、後ろ中心を縫います。

半返し縫い1本どり

2

0.3㎝

フードの前側をできあがりに折り、縫います。

並縫い1本どり

3

フード[裏]　身頃[裏]

身頃にフードを入れて中表に重ね、縫い合わせます。

半返し縫い1本どり

4

0.3㎝

身頃の上下をできあがりに折り、縫います。

並縫い1本どり

もちパーカのできあがり！

2

[裏]

1とお尻を縫い合わせます。

3

0.2㎝

ウエスト側をできあがりに折り、縫います。

並縫い1本どり

もちパンツのできあがり！

もちメイド服の作り方

材料　布(身頃):20cm×10cm、
布(スカート):40cm×10cm
布(衿・エプロン):20cm×10cm
フリルレース:20cm　0.3cmリボン:40cm

掲載 P67　型紙 P109

1 型紙を写して切る

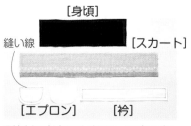

[身頃]
縫い線
[スカート]
[エプロン]　[衿]

型紙と寸法図を参照して布を切り、縫い線をつけます。

2 スカートを作り、身頃を縫う

1

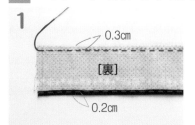

0.3cm
[裏]
0.2cm

スカートの裾をできあがりに折って縫い、ウエスト側を縫います。ウエスト側の糸端は残しておきます。　並縫い1本どり

2

身頃に合わせて1の糸を引いて縮め、まち針で止めます。

3

身頃とスカートを縫い合わせます。　半返し縫い1本どり

4

0.2cm

スカートの縫い代をはさむように、身頃をできあがりに折り、端を縫います。　並縫い1本どり

5

4を半分に折り、端を縫います。　半返し縫い1本どり

3 衿を作り、つける

1

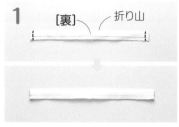

[裏]　折り山

衿を半分に折り、両端を縫います。表に返します。
半返し縫い1本どり

2

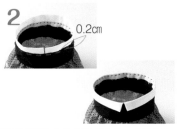

0.2cm

衿を身頃の内側に重ね、縫い合わせます。身頃の端で衿を折り返します。　並縫い1本どり

4 エプロンを作る

1

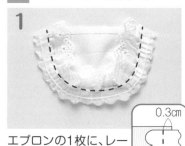

0.3cm

エプロンの1枚に、レースの先が内側になるように縫いつけます。
並縫い1本どり

2

[裏]

レースをはさんでエプロン2枚を重ねて縫い、縫い代からはみ出したレースを切り取ります。
半返し縫い1本どり

3

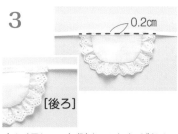

0.2cm
[後ろ]

表に返し、上側をできあがりに折ってリボン38cmに縫いつけます。　並縫い1本どり

もちメイド服のできあがり!

帽子カチューシャの作り方

材料 フェルト：20cm×10cm／0.3cm幅リボン：10cm／モール：1本

掲載 P17　型紙 P111

1 型紙を写して切る

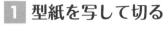

[本体]

[天面]　[つば]　[ジョイント]

型紙を写して切ります。

2 帽子を作る

1

本体にボンドを塗りながら、端から巻きます。

2

1枚を端まで巻いたら、もう1枚の端を突き合わせにして、続けて巻きます。

3

端をまち針などで止め、乾かします。

4

天面にボンドをつけ、3に貼ります。

5

4の底面にボンドをつけ、つばに貼ります。

6

乾かします。

7

リボンにボンドをつけ、1周貼ります。

3 カチューシャをつける

1
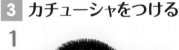

モール12cmを曲げます。

2

0.5cm

両端を0.5cm折り返します。

3

ジョイントにボンドをつけ、モールをはさんで帽子の裏に貼ります。

帽子カチューシャのできあがり！

逆引きインデックス

この子が作りたい！この服が作りたい！
と思ったら、このページを見てください。
それぞれの作り方と型紙の
ページがわかります。

［ぬい］のインデックス　　［ぬい本体］作り方：P32　型紙：P82

［もちぬい］のインデックス

［もちぬい本体］作り方：P68　型紙：P105

縫い方の基礎

ホルベインステッチ

❶

並縫いの要領で、表、裏、表、裏と進みます。

❷

端まで刺したら、反対向きに、表、裏、表、裏とあいている部分を埋めるように進みます。

❸

[表]　[裏]

ホルベインステッチができました。表も裏も、1本の線になるステッチです。ボディに使うときは、玉結び・玉止めを縫い代の内側に引き入れて隠しましょう。

巻きかがり

❶

頭のつけ位置を右から左にすくいます。

❷

髪の端に左から右へ針を通します。

❸

❶、❷をくり返して進みます。

布端をぐるぐると巻くように進むステッチです。

タイツの作り方

材料　布:15cm×5cm

掲載 P04　型紙 P88

タイツのできあがり！

1

[タイツ]

型紙を写して切り、縫い線をつけます。

2

切り込み

2枚を縫い合わせ、股下に切り込みを入れます。

表に返します。

この本の 型紙と作り方

この本の型紙はまっすぐなもの以外は全て実物大です。
コピーしたり、写したりして使いましょう。
写真で解説していない服や小物も、全て作り方があります。

● 型紙はとっておくと、何度でも使えます。

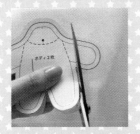  

● 型紙の中に表示してある矢印は布目線といいます。

↓ 毛の流れ　　↑ 布の縦方向

● 縫い代込みの型紙です。
外側の線で布を切ります。
内側の線は、できあがり線を示しています。

——————— 縫い代線

——————— できあがり線

● 「左右各1枚」は左右対称に布を1枚ずつ切ります。

● 拡大して使ってもいいですね。

● 「寸法図」は記載してある寸法で布に印をつけ、切ります。

マジックテープのつけ方

❶ マジックテープは2.5cm
程度の幅が多いので、
0.5cm幅×必要な長さに
切ります。

❷ チクチクして硬い面が
凸（フック）面、フワフワ
して柔らかい面が凹
（ループ）面です。

凸　凹

❸ 下になる方に凸面を並
縫いで縫い、上になる
方に凹面をつけます。

凸　凹

縫いにくい場合は、
テープの4つの角と、
間を縫い止めるだけ
でも大丈夫です。

◆ 布（ベージュ）：20㎝×20㎝
　（髪の毛の色）：25㎝×15㎝

○ ベージュ
○ 髪の毛の色

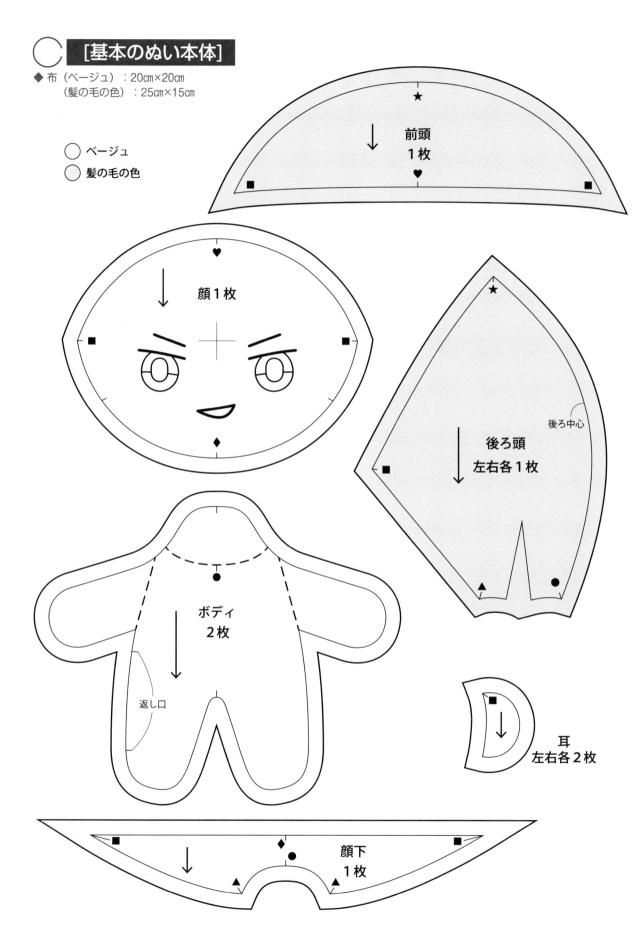

前頭
1枚

顔1枚

後ろ頭
左右各1枚

後ろ中心

ボディ
2枚

返し口

耳
左右各2枚

顔下
1枚

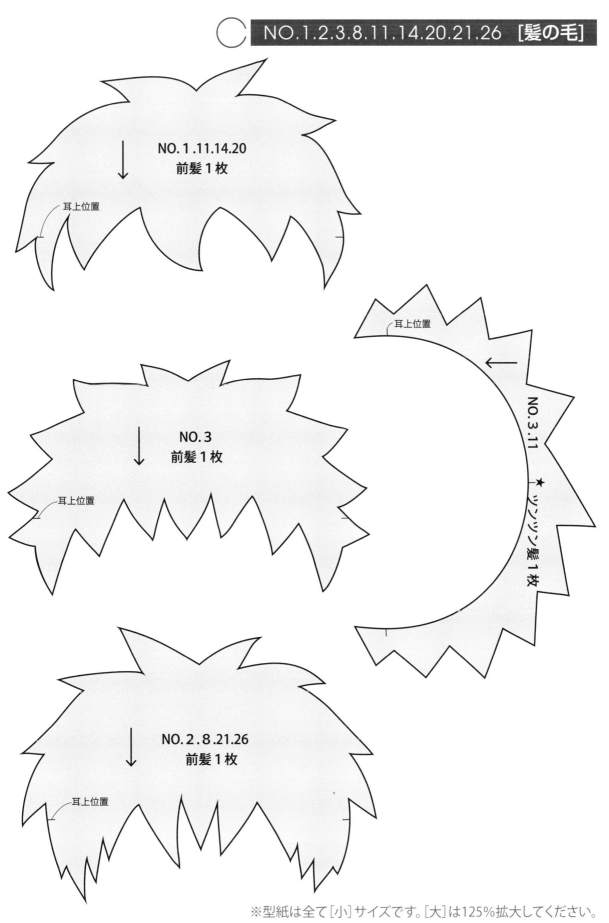

NO. 1 .11.14.20
前髪1枚

耳上位置

NO. 3
前髪1枚

耳上位置

NO.3.11　★ツンツン髪1枚

耳上位置

NO.2 .8.21.26
前髪1枚

耳上位置

※型紙は全て[小]サイズです。[大]は125%拡大してください。

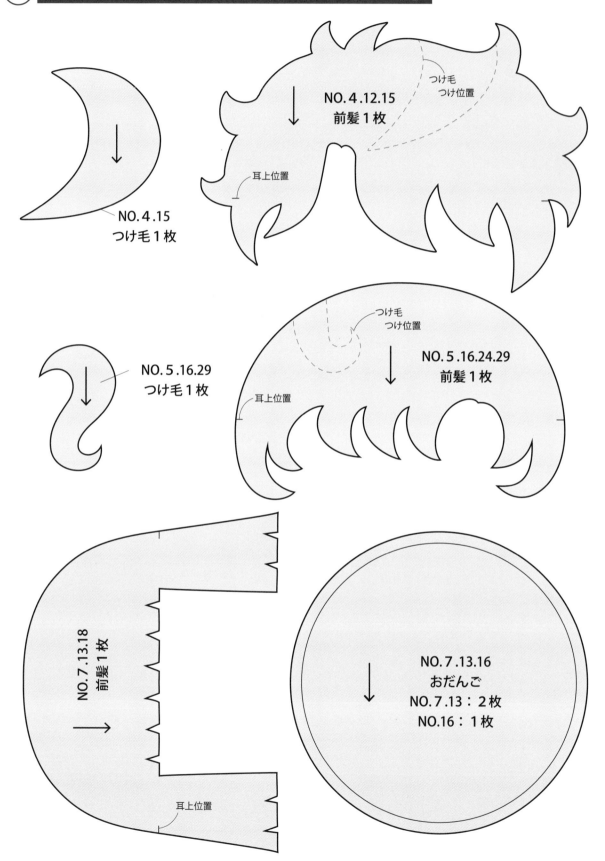

NO.4.15
つけ毛1枚

つけ毛
つけ位置

NO.4.12.15
前髪1枚

耳上位置

NO.5.16.29
つけ毛1枚

つけ毛
つけ位置

NO.5.16.24.29
前髪1枚

耳上位置

NO.7.13.18
前髪1枚

耳上位置

NO.7.13.16
おだんご
NO.7.13：2枚
NO.16：1枚

※型紙は全て[小]サイズです。[大]は125%拡大してください。

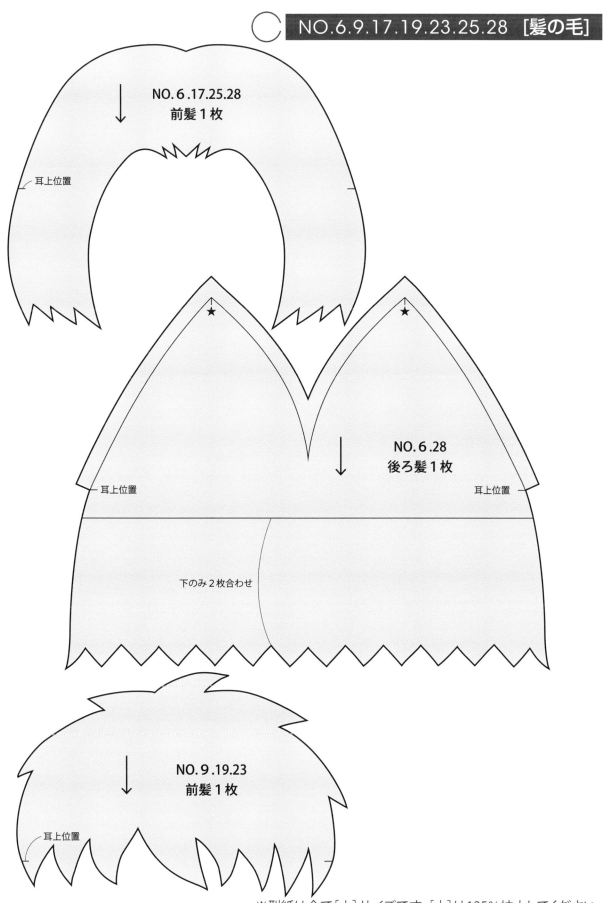

NO.6.17.25.28
前髪1枚

耳上位置

NO.6.28
後ろ髪1枚

耳上位置

耳上位置

下のみ2枚合わせ

NO.9.19.23
前髪1枚

耳上位置

※型紙は全て［小］サイズです。［大］は125％拡大してください。

NO.10.22.27 [髪の毛]

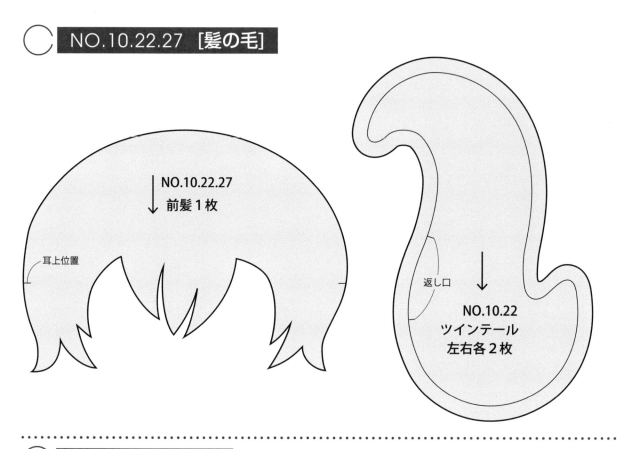

NO.10.22.27
前髪 1 枚

耳上位置

返し口

NO.10.22
ツインテール
左右各2枚

NO.1.4 [Tシャツ]

◆ 布：15㎝×10㎝
◆ マジックテープ：2.5㎝
NO.1
◆ アップリケ布：少々
◆ 接着芯：少々

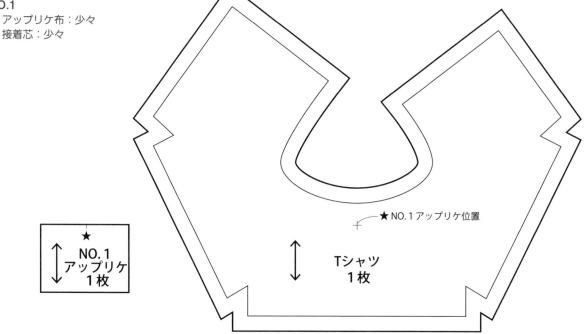

★
NO.1
アップリケ
1枚

← ★NO.1アップリケ位置

Tシャツ
1枚

ワンポイントアドバイス

この本の服の型紙は、布に置いて写すように、裏向きにした型紙です。

NO.11.12

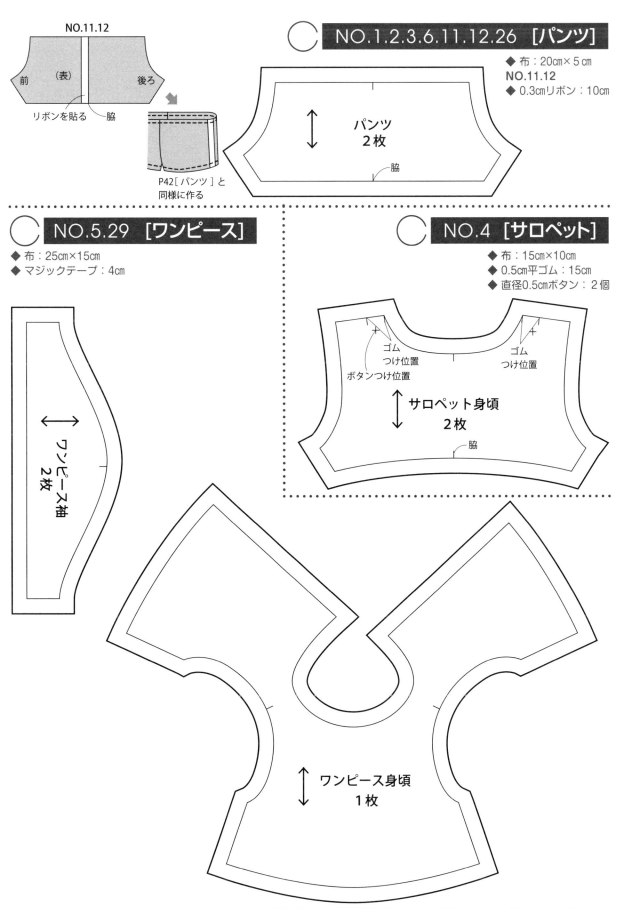

前　（表）　後ろ

リボンを貼る　脇

P42[パンツ] と
同様に作る

◯ NO.1.2.3.6.11.12.26 [パンツ]

◆ 布：20cm×5cm
NO.11.12
◆ 0.3cmリボン：10cm

パンツ
2枚

脇

◯ NO.5.29 [ワンピース]

◆ 布：25cm×15cm
◆ マジックテープ：4cm

ワンピース袖
2枚

◯ NO.4 [サロペット]

◆ 布：15cm×10cm
◆ 0.5cm平ゴム：15cm
◆ 直径0.5cmボタン：2個

ゴム
つけ位置

ゴム
つけ位置

ボタンつけ位置

サロペット身頃
2枚

脇

ワンピース身頃
1枚

※型紙は全て[小]サイズです。[大]は125%拡大してください。

087

NO.2 [パーカ]

◆ 布：30cm×15cm
◆ 丸ひも：30cm

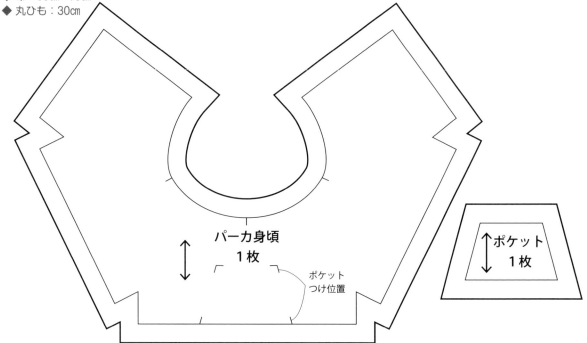

パーカ身頃
1枚

ポケット
つけ位置

ポケット
1枚

NO.1.3~16.26.28.29 [靴]

◆ 布：5cm×5cm
※ストレッチレザーを使用

靴
左右
各2枚

パーカフード
左右各1枚

穴あけ位置

NO.2 [タイツ]

◆ 布：15cm×5cm
※綿ジャージを使用

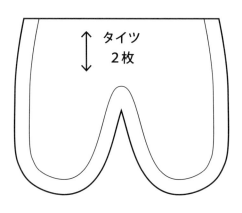

タイツ
2枚

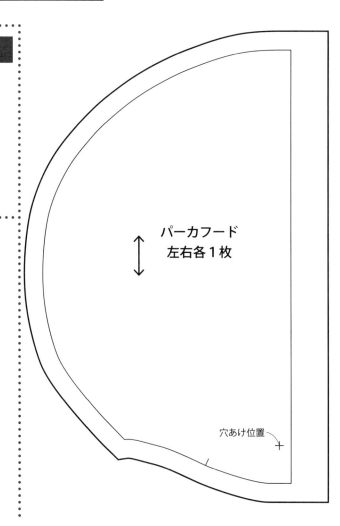

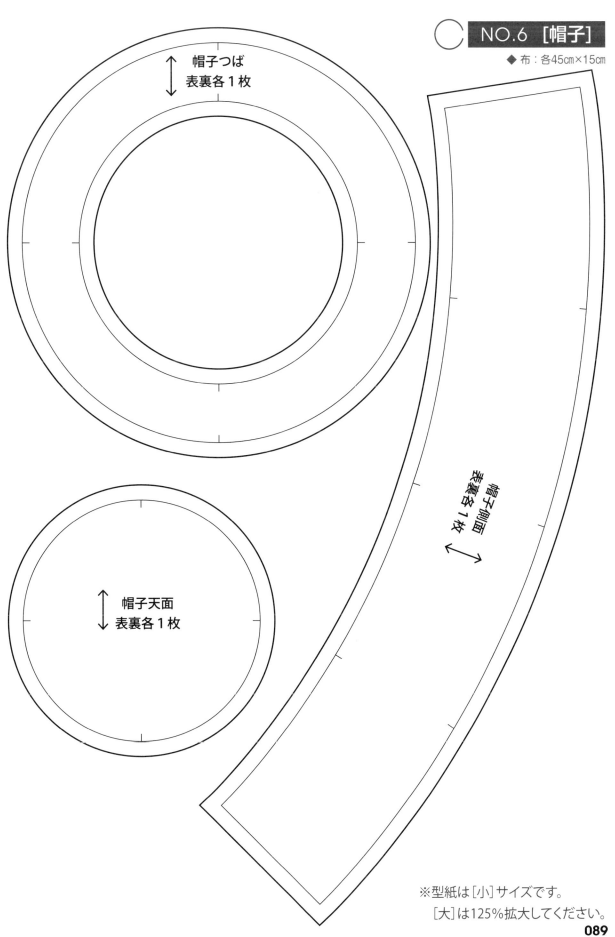

◆ 布：各45㎝×15㎝

帽子つば
表裏各1枚

帽子天面
表裏各1枚

帽子側面
表裏各1枚

※型紙は[小]サイズです。
[大]は125%拡大してください。

○ NO.6 [ジャケット]

◆布：30cm×10cm
◆直径0.5cmボタン：2個

ジャケット衿
2枚

ジャケット袖
2枚

ジャケット後ろ身頃
1枚

ジャケット
前身頃
左右各1枚

右身頃
ボタン
つけ位置

○ NO.9.15 [スタンドカラージャケット]

◆ 布：15cm×15cm
◆ マジックテープ：2.5cm
NO.9
◆ 直径0.5cmボタン：3個
NO.15
◆ ブレード：20cm
◆ スパンコールテープ：20cm
◆ 直径0.5cmボタン：6個

★縫い
止まり
並縫い
衿（裏）
0.4cm
身頃
（表）

衿（裏）
0.2cm
★
身頃
（裏）
1. 身頃の衿ぐり
に切り込み
2. 並縫い

衿（裏）
折る

折る
たてまつり

衿以外は P41
[Tシャツ] と同様に作る

NO.9
ボタンを
縫いつける

★衿つけ位置

ボタンつけ位置

No.15
ブレードを
縫いつける

スパンコールテープを
縫いつける

スタンドカラージャケット
身頃
1枚

スタンドカラー1枚

ブレード3cmを
丸く縫いつける

ボタンを
縫いつける

ボール 2枚
縫い代なし
バックステッチ
（黒・2本どり）

2. 刺しゅう
1. 切る
3. 貼る

NO.6.12 ［タンクトップ］［ボール］

◆ 布：15cm×10cm
◆ マジックテープ：2.5cm
◆ フェルト：少々
◆ 0.3cmリボン：5cm

1. 衿ぐり・袖ぐりに
切り込み

0.2 cm
0.2 cm
2. 並縫い

（裏）

ナンバー
つけ位置

タンクトップ
1枚

フェルトの
ガイドラインを
合わせて貼る

（裏）
1. 脇を
半返し縫い

脇

7

0.2 cm
0.4 cm
2. 裾を並縫い

リボンを貼る

※数字の図案は P111

NO.7 ［トレーナー］

◆ 布：15cm×15cm
◆ マジックテープ：2.5cm
NO.8
◆ 0.3cmリボン：20cm

わ
並縫い
衿
（表）
0.4 cm

身頃
（表）

※衿の作り方は P76 ③

リボンを
ボンドで
貼る

※No.8 のみ

※衿以外は P41［Tシャツ］と同様に作る

※型紙は全て［小］サイズです。
　［大］は125%拡大してください。

NO.8 ［ジャージ］

NO.7 裾
NO.8 裾
衿つけ位置

トレーナーは後ろあき
ジャージは前あき

トレーナー・ジャージ
1枚

NO.7 裾　　NO.8 裾

トレーナー・ジャージ衿 1枚

NO.8.9.15 [ロングパンツ]

◆ 布：15cm×5cm
NO.8
◆ 0.3cmリボン：20cm
NO.15
◆ スパンコールテープ：10cm

NO.8

リボンを貼る

0.2 cm

脇

※ロングパンツは P42[パンツ] と
同様に作る

NO.15

スパンコールテープ
を縫いつける

脇

0.2 cm

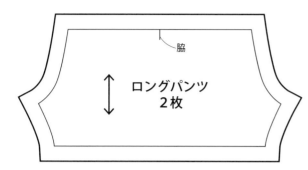

脇

**ロングパンツ
2枚**

NO.11 [バレーシャツ][ボール]

◆ 布：紺15cm×10cm
　　オレンジ10cm×10cm
◆ マジックテープ：2.5cm
◆ フェルト：適量
◆ 0.3cmリボン：10cm

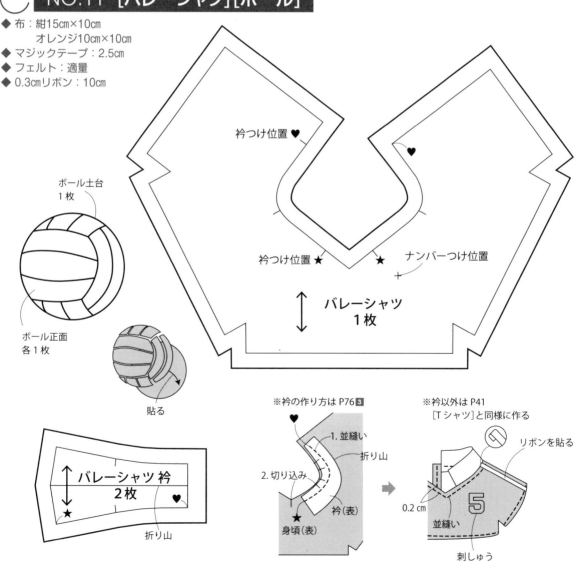

ボール土台
1枚

ボール正面
各1枚

貼る

衿つけ位置 ♥

衿つけ位置 ★

★

ナンバーつけ位置

**バレーシャツ
1枚**

**バレーシャツ 衿
2枚**

★　♥

折り山

※衿の作り方は P76 ❸

♥

1. 並縫い

折り山

2. 切り込み

衿(表)

★

身頃(表)

※衿以外は P41
[Tシャツ]と同様に作る

リボンを貼る

0.2 cm

並縫い

5

刺しゅう
(バックステッチ2本どり)

※数字の図案は P111

092

 **NO.7 [スカート]**

◆ 布：25cm×5cm

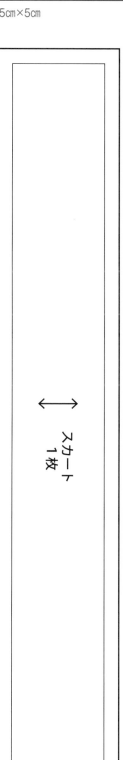

スカート
1枚

 NO.3 [シャツ]

◆ 布：25cm×10cm
◆ マジックテープ：2.5cm
◆ 直径0.5cmボタン：3個

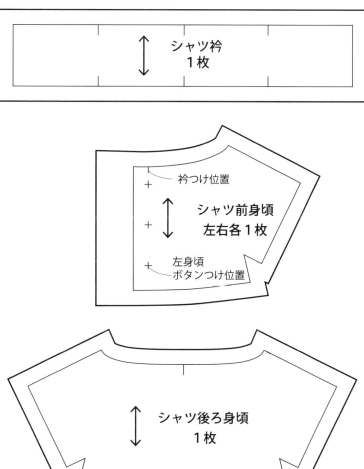

シャツ衿
1枚

衿つけ位置

シャツ前身頃
左右各1枚

左身頃
ボタンつけ位置

シャツ後ろ身頃
1枚

※型紙は[小]サイズです。[大]は125%拡大してください。

ワンポイントアドバイス

ボンドでも作れる！

衿ぐりや裾などを、ボンドで貼っても作れます。
ボンドで貼ったら、すぐにアイロンをかけると
乾くので、きれいに貼ることができます。

できれば、洗える手芸用ボンドが理想的ですが、
木工用ボンドでも大丈夫です。

NO.10 [セーラー服]

◆ 布：15cm×10cm　◆ 布（衿）：10cm×10cm
◆ マジックテープ：2.5cm
◆ 0.3cmリボン：20cm　◆ 1cmリボン：15cm

セーラー服胸あて
1枚

セーラー服衿
2枚

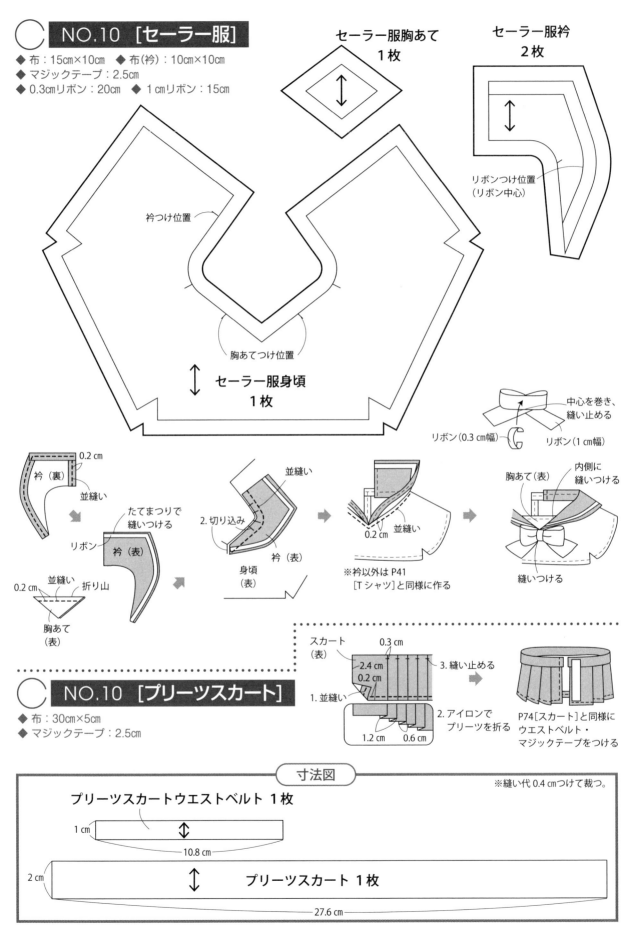

リボンつけ位置
（リボン中心）

衿つけ位置

胸あてつけ位置

セーラー服身頃
1枚

中心を巻き、
縫い止める

リボン（0.3cm幅）　リボン（1cm幅）

0.2cm
衿（裏）

並縫い

リボン

衿（表）

たてまつりで
縫いつける

2.切り込み

並縫い

衿（表）

身頃
（表）

並縫い

0.2cm

並縫い

※衿以外は P41
[Tシャツ]と同様に作る

胸あて（表）

内側に
縫いつける

縫いつける

0.2cm
並縫い
折り山

胸あて
（表）

NO.10 [プリーツスカート]

◆ 布：30cm×5cm
◆ マジックテープ：2.5cm

スカート
（表）

0.3cm

2.4cm
0.2cm

3.縫い止める

1.並縫い

1.2cm　0.6cm

2.アイロンで
プリーツを折る

P74[スカート]と同様に
ウエストベルト・
マジックテープをつける

寸法図

※縫い代0.4cmつけて裁つ。

プリーツスカートウエストベルト 1枚

1cm

10.8cm

プリーツスカート 1枚

2cm

27.6cm

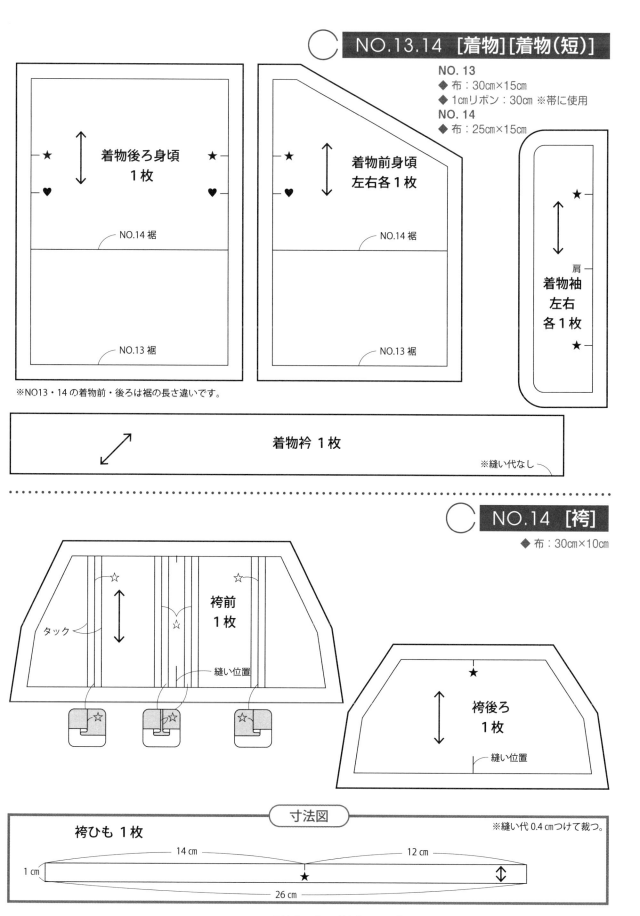

NO.13.14 [着物][着物(短)]

NO. 13
◆ 布：30㎝×15㎝
◆ 1㎝リボン：30㎝ ※帯に使用
NO. 14
◆ 布：25㎝×15㎝

着物後ろ身頃
1枚

★ ♥

NO.14 裾

NO.13 裾

着物前身頃
左右各1枚

★ ♥

NO.14 裾

NO.13 裾

着物袖
左右
各1枚

肩

★

★

※NO13・14の着物前・後ろは裾の長さ違いです。

着物衿 1枚

※縫い代なし

NO.14 [袴]

◆ 布：30㎝×10㎝

袴前
1枚

タック

☆

☆

☆

縫い位置

☆ ☆ ☆

袴後ろ
1枚

★

縫い位置

寸法図

袴ひも 1枚

※縫い代0.4㎝つけて裁つ。

14 ㎝

12 ㎝

1 ㎝

26 ㎝

※型紙は全て[小]サイズです。[大]は125%拡大してください。

NO.16 [ドレス]

◆ 布：25cm×15cm
◆ チュール：30cm×10cm
◆ マジックテープ：2cm
◆ 0.3cmリボン：40cm
◆ ラインストーンシール：適量

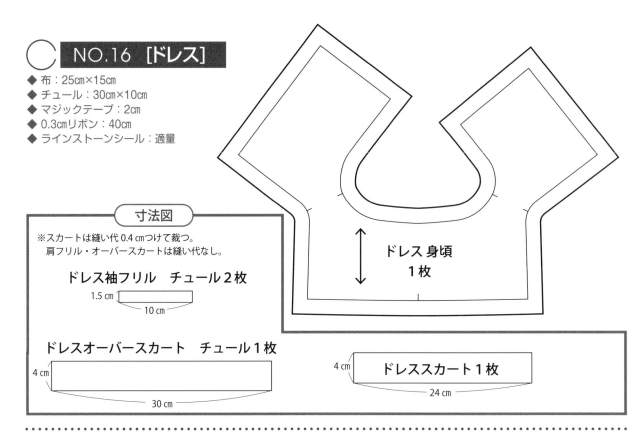

ドレス 身頃
1枚

寸法図

※スカートは縫い代0.4cmつけて裁つ。
　肩フリル・オーバースカートは縫い代なし。

ドレス袖フリル　チュール2枚

1.5cm
10cm

ドレスオーバースカート　チュール1枚

4cm
30cm

ドレススカート1枚
4cm
24cm

NO.17~20 [着ぐるみ]

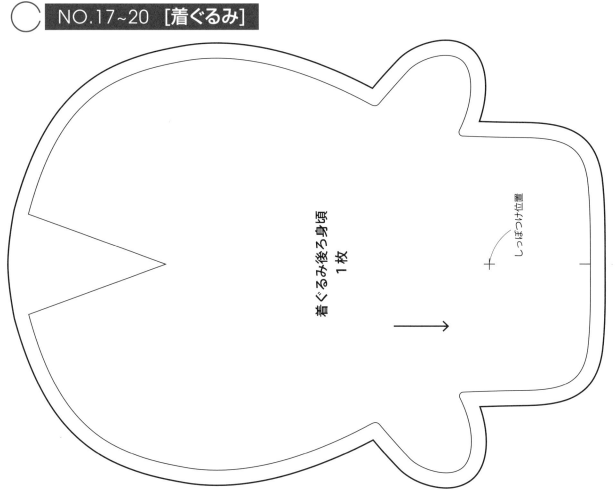

着ぐるみ後ろ身頃
1枚

しっぽつけ位置

◆ 布：30cm×20cm
◆ 1.5cmリボン：20cm
NO.17.18.19
◆ わた：少々

NO.18 耳つけ位置
NO.17.19 耳つけ位置
NO.20 耳つけ位置

リボンつけ位置

着ぐるみ前身頃
1枚

NO.17.19
（パンダ・クマ）
耳 4枚

NO.20
（ネコ）
耳 4枚

NO.18
（ウサギ）
耳 4枚

NO.20

半返し縫い

しっぽ
（裏）

並縫い

（表）

身頃（後ろ）

糸をしぼり、
縫い代を内側に
入れて縫いつける

NO.20
（ネコ）
しっぽ
1枚

NO.17.18.19
着ぐるみしっぽ
1枚

※しっぽ以外は P56［着ぐるみ（クマ）］と同様に作る
※NO17.18 の作り方は P56［着ぐるみ（クマ）］と同じ

※型紙は全て［小］サイズです。
［大］は125％拡大してください。

NO.21.22 [虫]

◆ 布：20cm×10cm
◆ マジックテープ：4cm
◆ 0.3cmリボン：60cm
◆ 直径1cmボンテン：2個
◆ ラインストーンシール：適量
◆ モール：1本
NO.21
◆ フェルト：15cm×10cm
◆ 0.5cmリボン：30cm
NO.22
◆ フェルト：ピンク・濃いピンク
　10cm×10cm各1枚

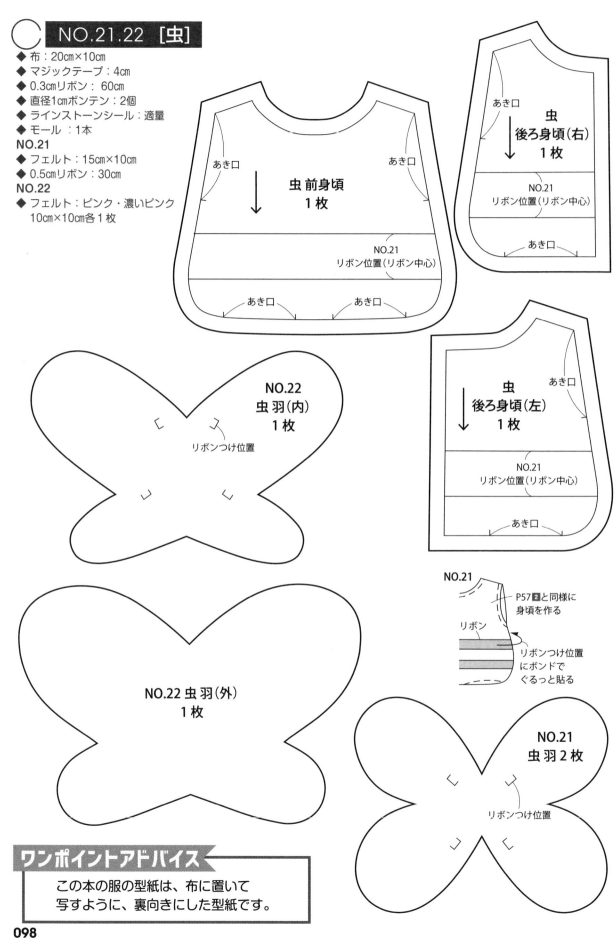

虫 前身頃
1枚

あき口　あき口

あき口　あき口

NO.21
リボン位置（リボン中心）

虫
後ろ身頃（右）
1枚

あき口

NO.21
リボン位置（リボン中心）

あき口

NO.22
虫羽（内）
1枚

リボンつけ位置

虫
後ろ身頃（左）
1枚

あき口

NO.21
リボン位置（リボン中心）

あき口

NO.22 虫羽（外）
1枚

NO.21

P57 2 と同様に
身頃を作る

リボン

リボンつけ位置
にボンドで
ぐるっと貼る

NO.21
虫羽 2枚

リボンつけ位置

ワンポイントアドバイス

この本の服の型紙は、布に置いて
写すように、裏向きにした型紙です。

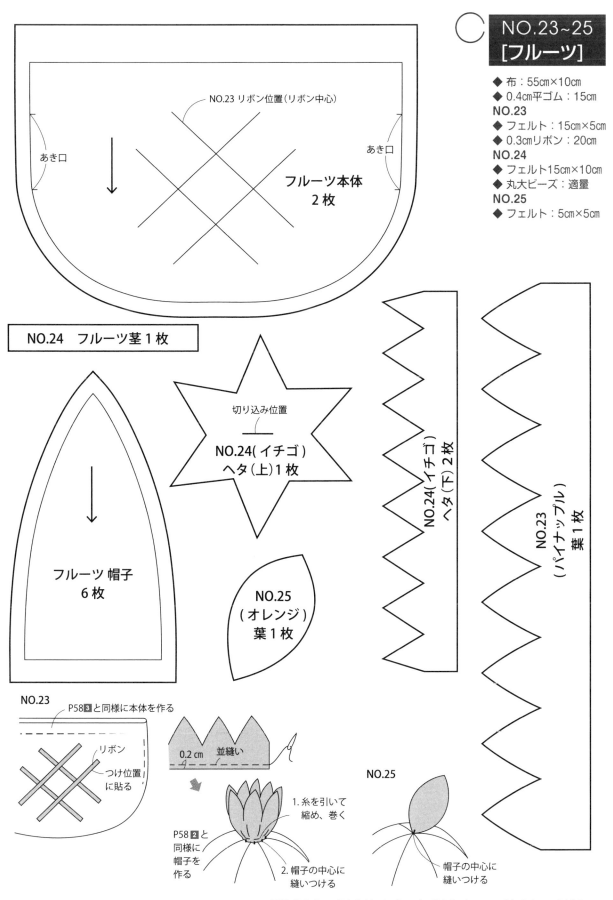

◆ 布：55cm×10cm
◆ 0.4cm平ゴム：15cm
NO.23
◆ フェルト：15cm×5cm
◆ 0.3cmリボン：20cm
NO.24
◆ フェルト15cm×10cm
◆ 丸大ビーズ：適量
NO.25
◆ フェルト：5cm×5cm

NO.23 リボン位置（リボン中心）

あき口

あき口

フルーツ本体
2枚

NO.24　フルーツ茎1枚

フルーツ 帽子
6枚

切り込み位置

NO.24(イチゴ)
ヘタ(上)1枚

NO.25
(オレンジ)
葉1枚

NO.24(イチゴ)
ヘタ(下)2枚

NO.23
(パイナップル)
葉1枚

NO.23

P58 **3** と同様に本体を作る

リボン

つけ位置
に貼る

0.2 cm　並縫い

P58 **2** と
同様に
帽子を
作る

1. 糸を引いて
縮め、巻く

2. 帽子の中心に
縫いつける

NO.25

帽子の中心に
縫いつける

※型紙は全て[小]サイズです。[大]は125%拡大してください。

NO.27 [ベビー服][おしゃぶり]

◆ 布：15cm×15cm
◆ フリルレース：20cm
◆ マジックテープ：4cm
◆ フェルト：適量

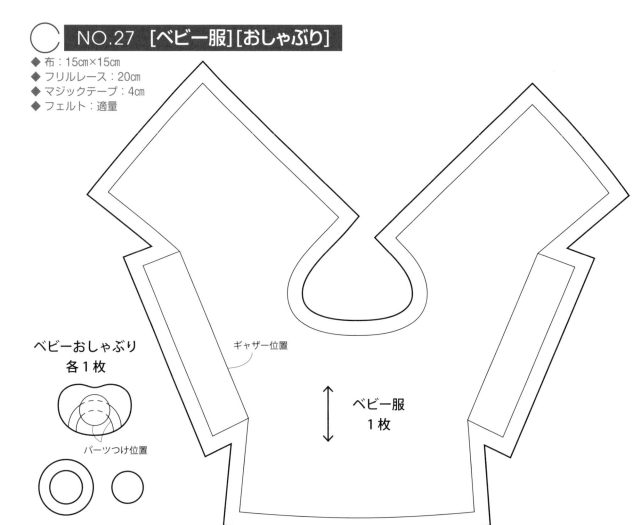

ベビーおしゃぶり
各1枚

パーツつけ位置

ギャザー位置

ベビー服
1枚

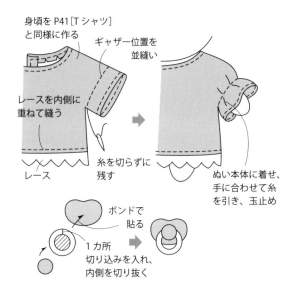

身頃を P41［Tシャツ］
と同様に作る

ギャザー位置を
並縫い

レースを内側に
重ねて縫う

糸を切らずに
残す

レース

ぬい本体に着せ、
手に合わせて糸
を引き、玉止め

ボンドで
貼る

1カ所
切り込みを入れ、
内側を切り抜く

ワンポイントアドバイス

この本の服の型紙は、布に置いて
写すように、裏向きにした型紙です。

NO.27 [ベビーボンネット]

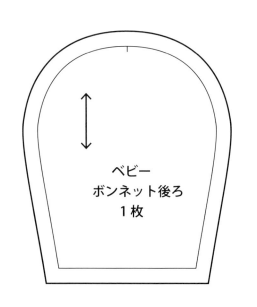

ベビー
ボンネット後ろ
1枚

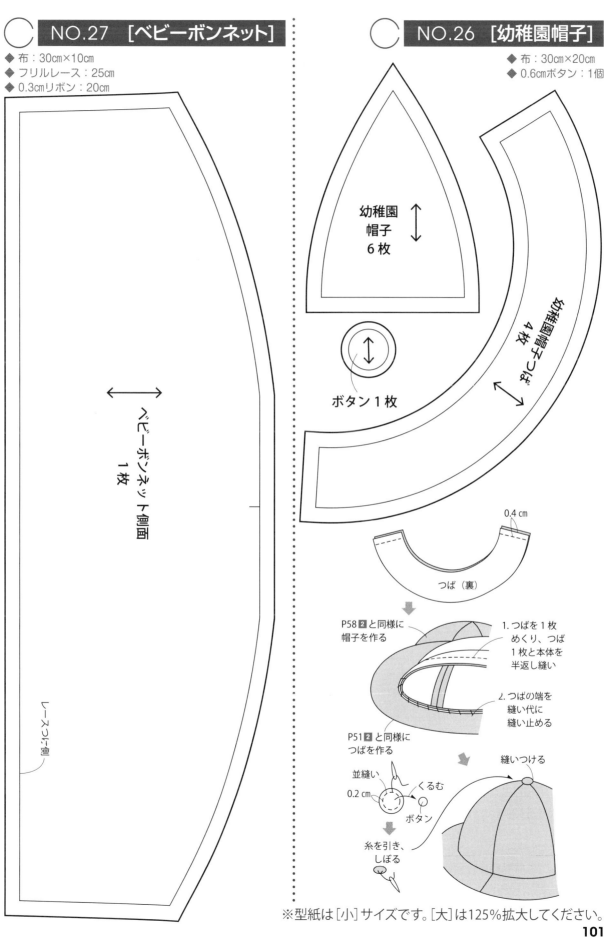

NO.27 ［ベビーボンネット］

◆ 布：30cm×10cm
◆ フリルレース：25cm
◆ 0.3cmリボン：20cm

ベビーボンネット側面
1枚

レースを付ける側

NO.26 ［幼稚園帽子］

◆ 布：30cm×20cm
◆ 0.6cmボタン：1個

幼稚園
帽子
6枚

ボタン1枚

幼稚園帽子つば
4枚

0.4 cm

つば（裏）

P58 2 と同様に
帽子を作る

1. つばを1枚
めくり、つば
1枚と本体を
半返し縫い

2. つばの端を
縫い代に
縫い止める

P51 2 と同様に
つばを作る

並縫い

0.2 cm

くるむ

ボタン

縫いつける

糸を引き、
しぼる

※型紙は［小］サイズです。［大］は125％拡大してください。

101

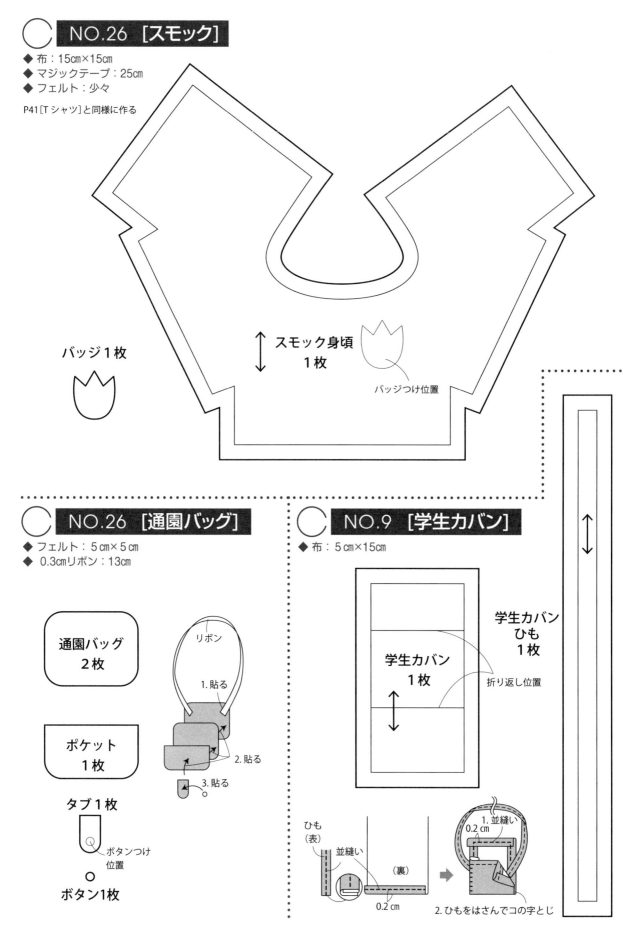

◯ NO.26 [スモック]

◆ 布：15cm×15cm
◆ マジックテープ：25cm
◆ フェルト：少々

P41[Tシャツ]と同様に作る

バッジ1枚

↕ スモック身頃
1枚

バッジつけ位置

◯ NO.26 [通園バッグ]

◆ フェルト：5cm×5cm
◆ 0.3cmリボン：13cm

通園バッグ
2枚

ポケット
1枚

タブ1枚

ボタンつけ
位置

ボタン1枚

リボン

1.貼る

2.貼る

3.貼る
◯

◯ NO.9 [学生カバン]

◆ 布：5cm×15cm

学生カバン
1枚

↕

学生カバン
ひも
1枚

折り返し位置

ひも
(表)

並縫い

(裏)

0.2cm

1.並縫い
0.2cm

2.ひもをはさんでコの字とじ

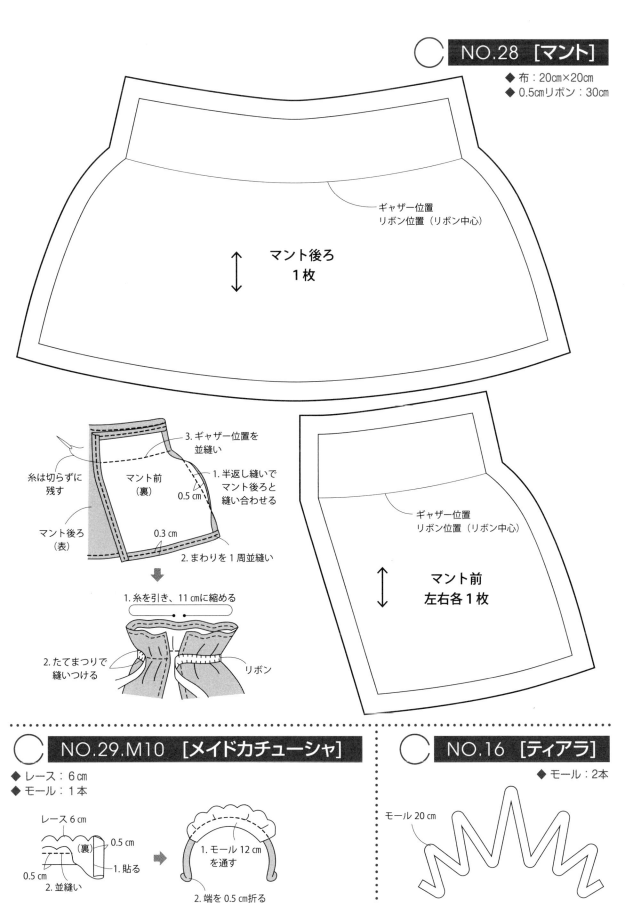

NO.28 [マント]

◆ 布：20㎝×20㎝
◆ 0.5㎝リボン：30㎝

ギャザー位置
リボン位置（リボン中心）

マント後ろ
1枚

3. ギャザー位置を
並縫い

糸は切らずに
残す

マント前
（裏）

1. 半返し縫いで
マント後ろと
縫い合わせる

0.5 ㎝

マント後ろ
（表）

0.3 ㎝

2. まわりを1周並縫い

1. 糸を引き、11㎝に縮める

2. たてまつりで
縫いつける

リボン

ギャザー位置
リボン位置（リボン中心）

マント前
左右各1枚

NO.29.M10 [メイドカチューシャ]

◆ レース：6㎝
◆ モール：1本

レース 6 ㎝

0.5 ㎝

（裏）

1. 貼る

0.5 ㎝

2. 並縫い

1. モール 12 ㎝
を通す

2. 端を 0.5 ㎝折る

NO.16 [ティアラ]

◆ モール：2本

モール 20 ㎝

※型紙は [小] サイズです。[大] は125％拡大してください。

103

NO.28 [帽子]

◆ 布：25cm×10cm

帽子前
1枚

帽子後ろ
1枚

NO.29 [エプロン]

◆ 布：15cm×5cm
◆ レース：5cm
◆ 0.3cmリボン：30cm

エプロン
1枚

2. 並縫い　0.4 cm
（裏）
1. 並縫い　0.2 cm

1. 糸を引いて6.5cmに縮め、
縫い目で折り返す
0.2 cm
リボン
27 cm
2. 並縫い

1.5 cm
レース　0.5 cm
3.5 cm　　1. 貼る
2. たてまつり　（表）

※型紙は[小]サイズです。[大]は125%拡大してください。

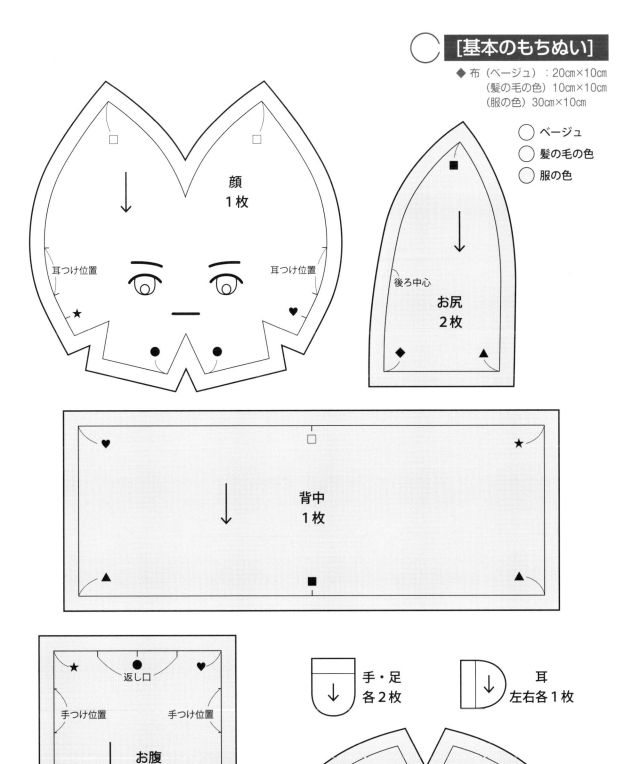

◆ 布（ベージュ）：20cm×10cm
　　（髪の毛の色）10cm×10cm
　　（服の色）30cm×10cm

◯ ベージュ
◯ 髪の毛の色
◯ 服の色

顔
1枚

耳つけ位置　　　　　　耳つけ位置

後ろ中心

お尻
2枚

背中
1枚

返し口

手つけ位置　　　手つけ位置

お腹
1枚

足つけ位置　　　足つけ位置

手・足
各2枚

耳
左右各1枚

耳上位置

NO.M1
髪
1枚

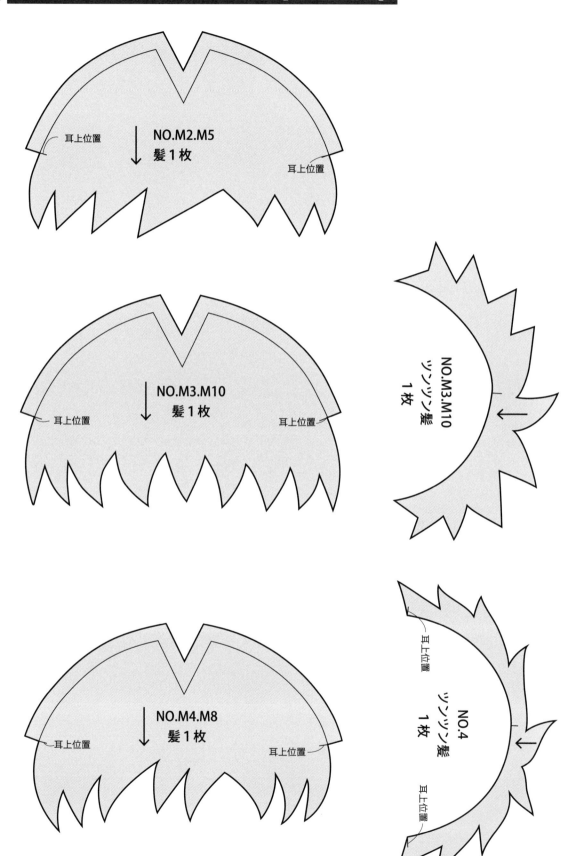

耳上位置

NO.M2.M5
髪1枚

耳上位置

NO.M3.M10
ツンツン髪
1枚

耳上位置

NO.M3.M10
髪1枚

耳上位置

NO.M4.M8
髪1枚

耳上位置

NO.4
ツンツン髪
1枚

耳上位置

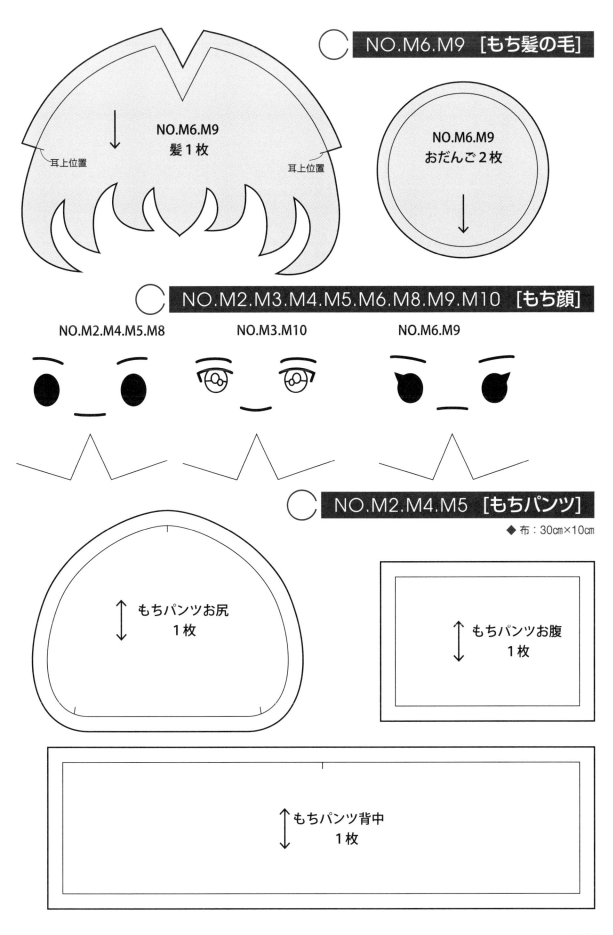

NO.M6.M9 [もち髪の毛]

NO.M6.M9
髪 1枚

耳上位置   耳上位置

NO.M6.M9
おだんご 2枚

NO.M2.M3.M4.M5.M6.M8.M9.M10 [もち顔]

NO.M2.M4.M5.M8   NO.M3.M10   NO.M6.M9

NO.M2.M4.M5 [もちパンツ]

◆ 布：30cm×10cm

もちパンツお尻
1枚

もちパンツお腹
1枚

もちパンツ背中
1枚

NO.M1.M5.M6 [もちTシャツ]　NO.M3 [もちジャージ]

◆ 布：20cm×10cm
NO.M1.M5
◆ フェルト：少々
NO.M6
◆ アップリケ布：少々
NO.M3
◆ 0.3cmリボン：25cm

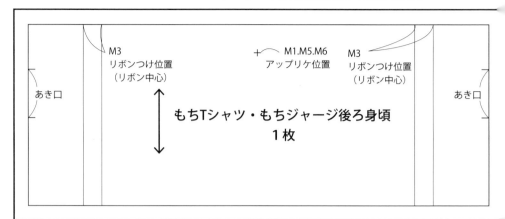

あき口

M3
リボンつけ位置
（リボン中心）

M1.M5.M6
アップリケ位置

M3
リボンつけ位置
（リボン中心）

あき口

もちTシャツ・もちジャージ後ろ身頃
1枚

NO.M1.M5

アップリケ
1枚

NO.M6

アップリケ
1枚

NO.M2 [もちパーカ]

◆ 布：25cm×20cm

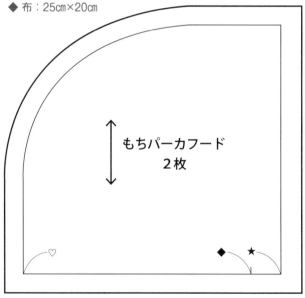

もちパーカフード
2枚

もちTシャツ・もちジャージ
前身頃
1枚

あき口　　　あき口

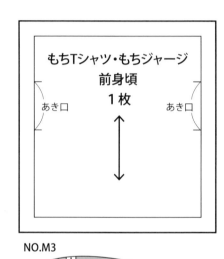

NO.M3

リボン

中心を
並縫い

寸法図

※縫い代0.5cmつけて断つ。

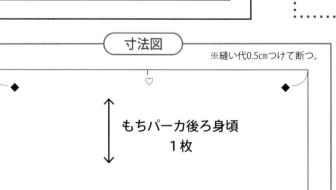

4cm

もちパーカ後ろ身頃
1枚

12.4cm

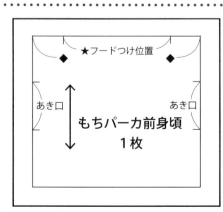

★フードつけ位置

あき口　　　あき口

もちパーカ前身頃
1枚

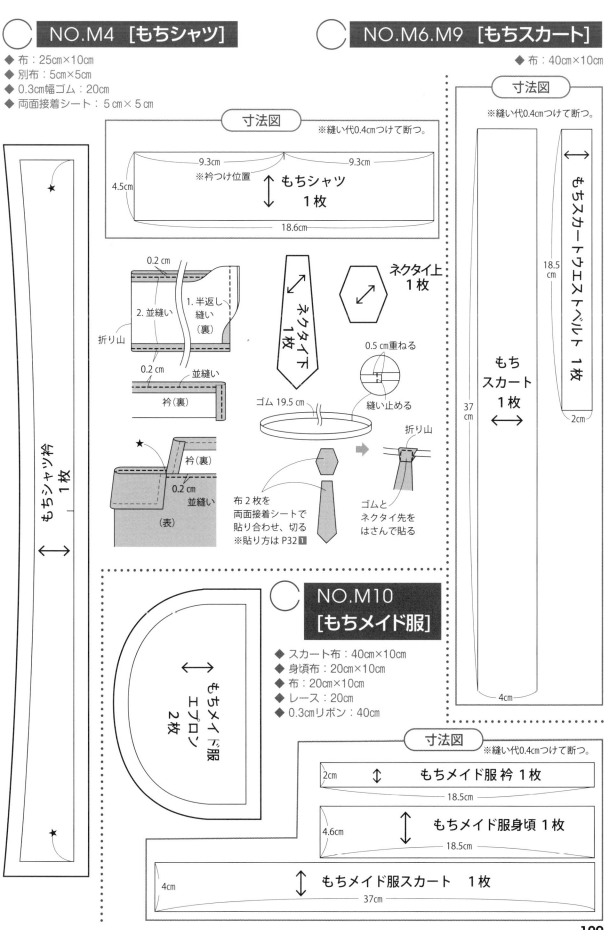

NO.M4 [もちシャツ]

◆ 布：25cm×10cm
◆ 別布：5cm×5cm
◆ 0.3cm幅ゴム：20cm
◆ 両面接着シート：5cm×5cm

寸法図

※縫い代0.4cmつけて断つ。

9.3cm　9.3cm
※衿つけ位置　もちシャツ 1枚
4.5cm
18.6cm

もちシャツ衿 1枚

0.2cm
1.半返し縫い（裏）
2.並縫い
折り山
0.2cm　並縫い
衿（裏）

衿（裏）
0.2cm 並縫い
（表）

布2枚を両面接着シートで貼り合わせ、切る
※貼り方は P32 1

ネクタイ下 1枚

ネクタイ上 1枚

ゴム 19.5cm
0.5cm重ねる
縫い止める
折り山
ゴムとネクタイ先をはさんで貼る

NO.M6.M9 [もちスカート]

◆ 布：40cm×10cm

寸法図

※縫い代0.4cmつけて断つ。

もちスカートウエストベルト 1枚
18.5cm
2cm

もちスカート 1枚
37cm
4cm

NO.M10 [もちメイド服]

◆ スカート布：40cm×10cm
◆ 身頃布：20cm×10cm
◆ 布：20cm×10cm
◆ レース：20cm
◆ 0.3cmリボン：40cm

もちメイド服エプロン 2枚

寸法図

※縫い代0.4cmつけて断つ。

2cm　もちメイド服 衿 1枚
18.5cm

4.6cm　もちメイド服身頃 1枚
18.5cm

4cm　もちメイド服スカート 1枚
37cm

NO.M7.M8 [もち着ぐるみ]

◆ 布：30cm×15cm

NO.M7

◆ フェルト：10cm×10cm

※しっぽの型紙は P111

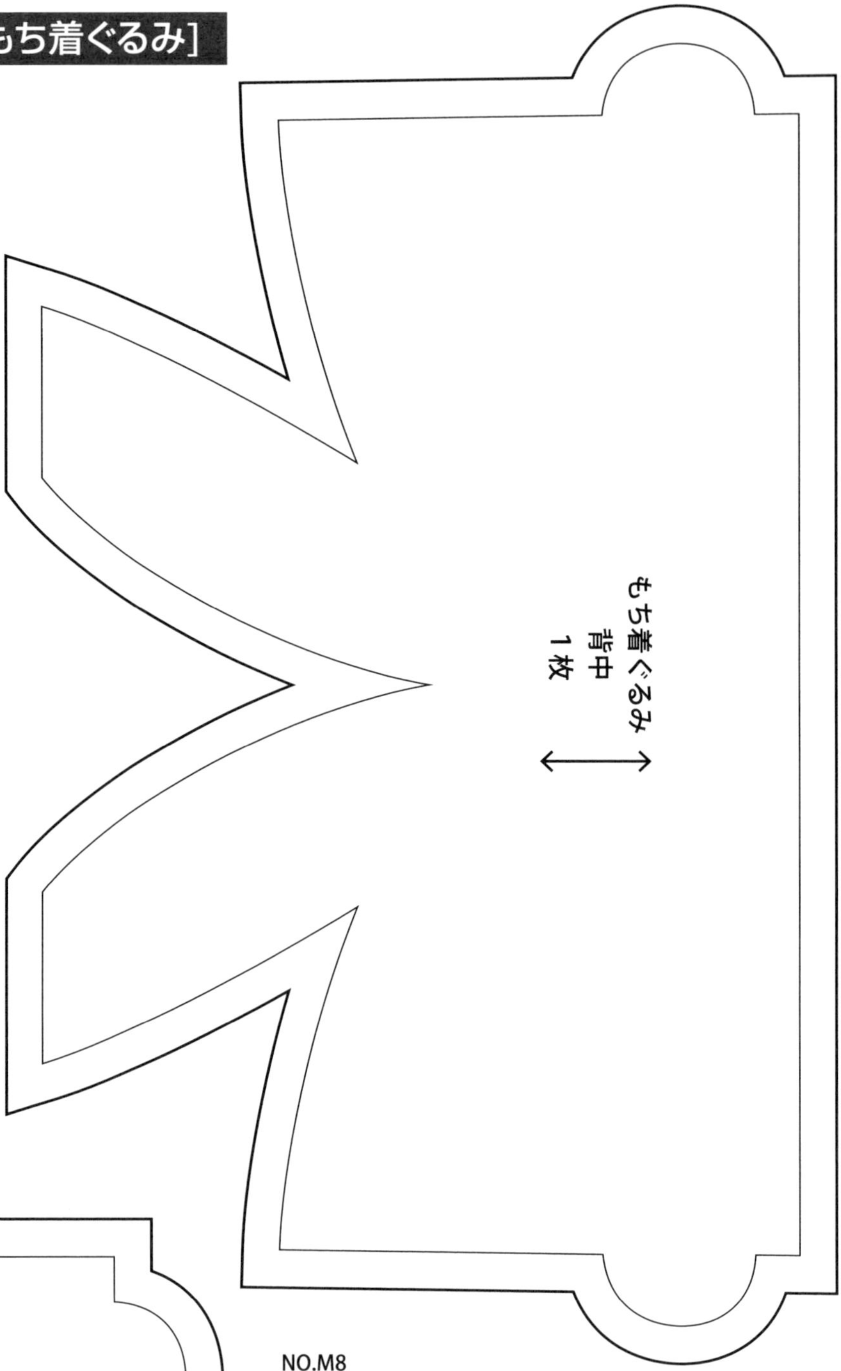

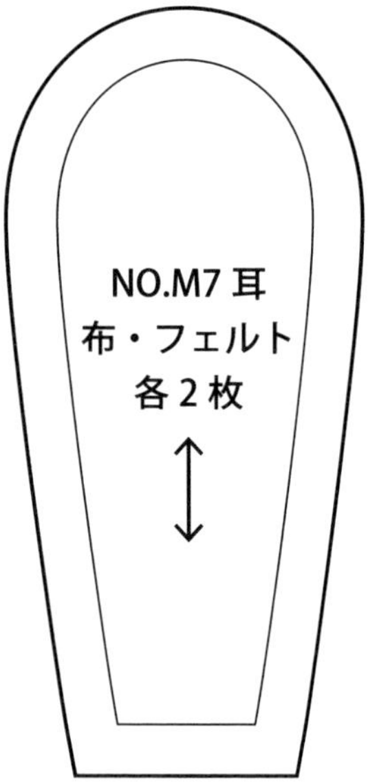

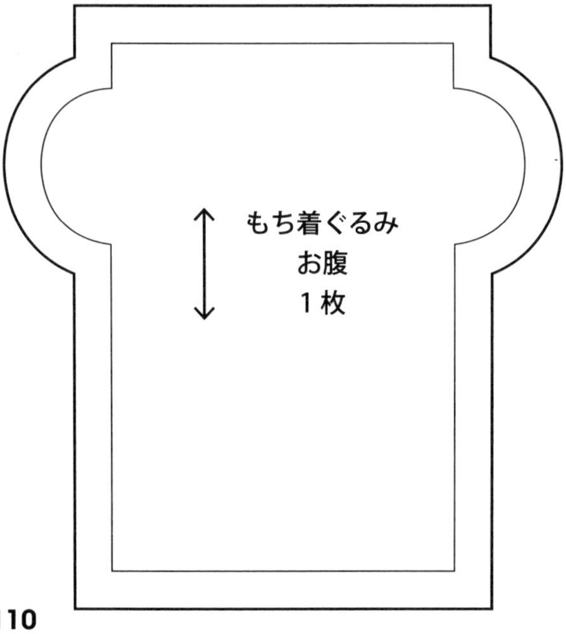

NO.M7 耳
布・フェルト
各2枚

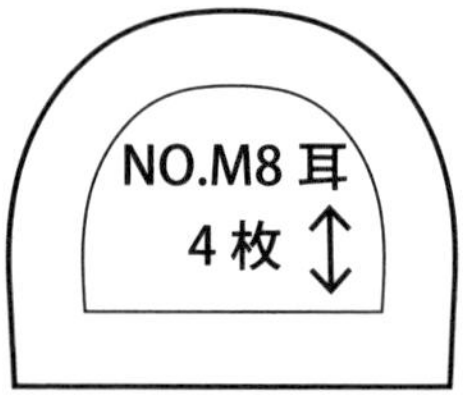

もち着ぐるみ
背中
1枚

NO.M8 耳
4枚

もち着ぐるみ
お腹
1枚

NO.M8

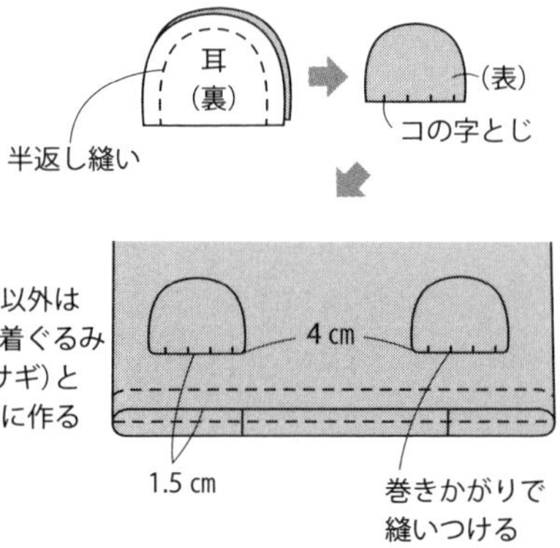

耳
（裏）

半返し縫い

（表）

コの字とじ

※耳以外は
P73 着ぐるみ
（ウサギ）と
同様に作る

4cm

1.5cm

巻きかがりで
縫いつける

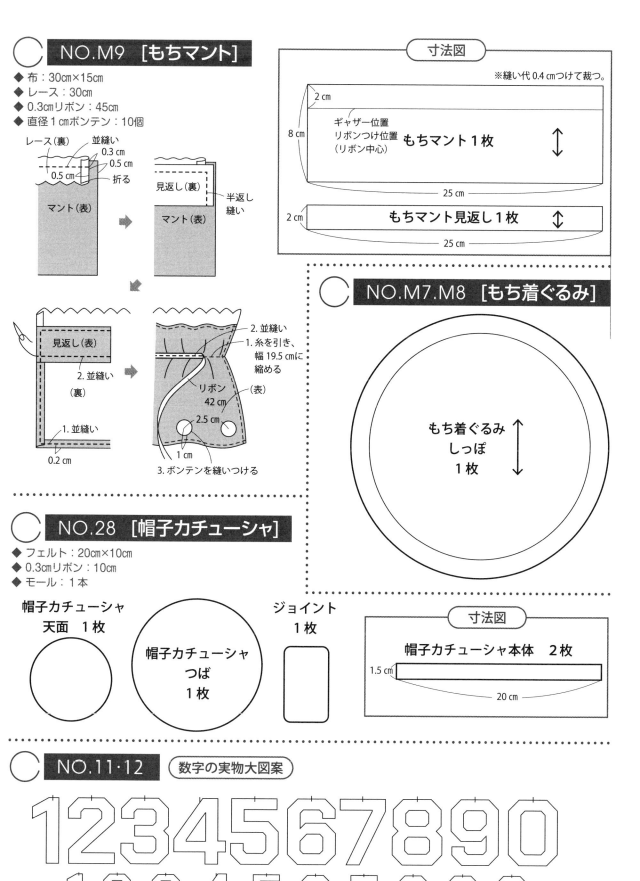

NO.M9 [もちマント]

◆ 布：30cm×15cm
◆ レース：30cm
◆ 0.3cmリボン：45cm
◆ 直径1cmボンテン：10個

レース（裏）　並縫い
0.3cm
0.5cm
0.5cm　折る
マント（表）

見返し（裏）
半返し縫い
マント（表）

見返し（表）
2. 並縫い
（裏）
1. 並縫い
0.2cm

2. 並縫い
1. 糸を引き、幅19.5cmに縮める
リボン 42cm
2.5cm
1cm
3. ボンテンを縫いつける

寸法図

※縫い代0.4cmつけて裁つ。

2cm
8cm
ギャザー位置
リボンつけ位置（リボン中心）
もちマント1枚
25cm

2cm
もちマント見返し1枚
25cm

NO.M7.M8 [もち着ぐるみ]

もち着ぐるみ
しっぽ
1枚

NO.28 [帽子カチューシャ]

◆ フェルト：20cm×10cm
◆ 0.3cmリボン：10cm
◆ モール：1本

帽子カチューシャ
天面　1枚

帽子カチューシャ
つば
1枚

ジョイント
1枚

寸法図

帽子カチューシャ本体　2枚
1.5cm
20cm

NO.11·12　数字の実物大図案

1234567890
1234567890

※型紙は［小］サイズです。［大］は125%拡大してください。

寺西 恵里子　ERIKO TERANISHI

(株)サンリオに勤務し、子ども向け商品の企画・デザインを担当。
退社後も "HAPPINESS FOR KIDS" をテーマに、手芸、料理、工作、子ども服、
雑貨、おもちゃ等の、商品としての企画・デザインを手がけると同時に、
手作りのある生活を書籍等を中心に幅広く提案する。実用書・女性誌・
子ども雑誌・テレビと多方面に活躍中。著書は700冊を超える。

スタッフ

作品デザイン	寺西 恵里子
撮　影	奥谷 仁　渡邉 峻生
ブックデザイン	NEXUS DESIGN
作品製作・	池田 直子　岩瀬 映瑠　千枝 亜紀子　やべ りえ
作り方まとめ	西潟 留美子　志村 真帆子　植田 千尋　山田 真衣
型紙トレース	うすい としお　八木 大　澤田 瞳
イラスト・監修	高木 あつこ
イラストトレース	いで はなこ
編集協力	有限会社ピンクパールプランニング
校　閲	滄流社

材料協力

清原株式会社	大阪府大阪市中央区南久宝寺町4-5-2
	http://www.kiyohara.co.jp/store

とびきりかわいく作れる！私だけの推しぬいぐるみ＆もちぬい

著　者	寺西 恵里子
編集人	石田 由美
発行人	倉次 辰男
発行所	株式会社 主婦と生活社
	〒104-8357　東京都中央区京橋 3-5-7
	編集部　☎ 03-3563-5361　FAX 03-3563-0528
	販売部　☎ 03-3563-5121
	生産部　☎ 03-3563-5125
	https://www.shufu.co.jp/
製版所	東京カラーフォト・プロセス株式会社
印刷所	TOPPAN株式会社
製本所	株式会社若林製本工場

ISBN978-4-391-16023-9
© ERIKO TERANISHI 2023
Printed in Japan